2019度河南省高校科技创新人才支持计划（人文社科类）（2019-CX-008）

2021年度高等学校重点科研项目指导立项"大数据助力高校教师信息化领导力培育体系建构研究"（21B880047）

河南大学教育学部、教育政策研究院软科学研究基地支持

美国教育信息化领导力学位课程研究

赵慧臣　王　玥　等◎著

科学出版社

北　京

内 容 简 介

　　近年来我国陆续开展了面向各类教育管理者的教育信息化领导力的主题培训，但这些课程存在内容较为分散、形式相对单一、应用范围较小等问题。美国开展教育信息化领导力研究较早，并且在人才培养方面进行了大量实践探索，分析美国教育信息化领导力课程在培养目标、入学形式、课程设置以及支持条件等方面的特点，可为我国教育信息化领导力课程相关的理论研究和建设实践提供借鉴。本书不仅从理论上分析了教育信息化领导力学位课程的特点，而且通过统计 12 项培养项目的课程设置和设计者的访谈等实证研究，深入了解了教育信息化领导力学位课程的设置情况，并通过个案分析探讨了我国教育信息化领导力课程研究和实践应如何开展。

　　本书可作为教育管理者、决策者等提升教育信息化领导力的参考书，也可作为信息化领导力培训的辅助材料，还可供承训单位设计各类相关培训方案、制定课程目标时参考借鉴。

图书在版编目（CIP）数据

美国教育信息化领导力学位课程研究 / 赵慧臣等著. —北京：科学出版社，2021.12
　　ISBN 978-7-03-070510-5

　　Ⅰ.①美…　Ⅱ.①赵…　Ⅲ.①教育工作-信息化-课程设置-研究-美国
Ⅳ.①G571.2

中国版本图书馆CIP数据核字（2021）第 224660 号

责任编辑：崔文燕 / 责任校对：杨　然
责任印制：李　彤 / 封面设计：润一文化

科 学 出 版 社 出版
北京东黄城根北街 16 号
邮政编码：100717
http://www.sciencep.com
北京建宏印刷有限公司 印刷
科学出版社发行　各地新华书店经销
*
2021 年 12 月第 一 版　开本：720×1000　1/16
2021 年 12 月第一次印刷　印张：12 1/2
字数：200 000

定价：89.00 元
（如有印装质量问题，我社负责调换）

作者简介

赵慧臣 教育技术学博士，河南大学教授、博士生导师、博士后合作导师。现任河南大学教育政策研究院软科学研究基地副主任、教育学部教育技术系系主任、河南省教育信息化发展研究中心副主任。学术兼职有河南省教育学会教育技术专业委员会秘书长、中国教育技术协会人工智能专业委员会常务理事、河南省中小学教师信息技术应用能力提升工程 2.0 工程省级培训专家、CSSCI 来源期刊审稿专家。主要研究方向为信息技术支持下的创新人才培养、教育信息化规划与政策等。

在《教育研究》《电化教育研究》等期刊发表论文 100 余篇，出版著作 3 部。主持国家社会科学基金（教育学）一般项目 1 项，主持教育部人文社会科学研究基金青年项目、河南省哲学社会科学规划项目、河南省重点研发与推广专项（软科学）等省部级教学科研项目 10 余项。

王 玥 教育技术学硕士，河南开放大学教师，负责河南省中小学教师信息技术应用能力提升工程 2.0 项目的管理与服务工作。

在《电化教育研究》《中国电化教育》等期刊发表论文 20 余篇，主持厅级教学科研项目 5 项。

前 言
PREFACE

近年来，我国逐渐开展了面向各类教育管理者（校长、中层管理者等）的教育信息化领导力主题培训，但我国教育信息化领导力课程还存在内容较为分散、类型较为单一、应用对象范围较小等问题。这在一定程度上影响了教育信息化领导力培训的整体效果。

美国教育信息化领导力学位课程经过多年的实践与发展取得了较丰硕的成果，其成功经验可以为我国教育信息化领导力课程建设提供借鉴。本书对国内外教育信息化领导力在研究主题、研究视角和研究方法等方面进行了比较，并在此基础上结合我国教育信息化领导力课程现状与问题，提出拓宽研究视野、借鉴美国信息化领导力课程建设经验的建议。

第一，分析美国教育信息化领导力硕士学位课程的现状。本书选取美国12所大学的教育信息化领导力硕士学位课程，运用内容分析法并结合访谈，对课程的学分要求与设置依据、课程名称、课程描述、课程内容和课程结构进行分析，总结美国教育信息化领导力硕士学位课程的特点，具体包括课程内容与国家标准吻合程度不同、课程名称与课程描述相结合、多元化的课程结构类型、重视研究与实践类课程。

第二，探讨美国教育信息化领导力硕士学位课程的发展历程。本书将美国最早设立教育信息化领导力学位培养项目的教育信息化领导力前沿研究中心作为个案研究，梳理其历史发展过程，分析其设计理念、课程支持活动、课程的调整措施等，总结其课程设计特点。具体包括多元化的课程设置理念、资源共享支持课程推广、课程设置不断调整完善、科研教学相互支持发展。

第三，通过分析美国教育信息化领导力评价的多元化趋势，体现信息化领导力课程的效果。本书从分析知识技能考评视角、自我认知评价视角和培训绩效评估视角总结了多元化教育信息化领导力评价的主要特点：多元化的评价主体、多样化的价值需求、多维性的参与路径。多元取向视角下教育信息化领导力硕士学位课程的设计开发需要：在价值需求方面，丰富评价标准的内在价值取向；在评价主体方面，满足外部评价标准同时兼顾自我认知；在评价维度方面，拓展能力评价的时间、空间与方式。本书通过问卷调查结果论证教育信息化领导力多元评价标准的必要性。

第四，从宏观、中观与微观层面总结美国教育信息化领导力硕士学位课程对我国提升教育信息化领导力的启示。在宏观层面，重视教育信息化领导力顶层设计：①构建专门机构，开展系统研究和人才培养；②实行开放申请，面向社会提供在线提升课程；③选择代表性院校，开展教育信息化领导力的水平认证。在中观层面，开展培养项目与课程体系的研究与设计：①根据国家标准和学习者需求，设计学位课程；②选择多学科知识内容，增强课程之间的内在逻辑；③积极促进课程知识的融合，树立实践导向的培养目标。在微观层面，探讨课程教学与支持活动的设计：①基于情景教学，加深学习者对信息技术应用的认识；②采用多种方式，支持教育信息化领导力课程教学；③树立共享理念，向其他学校提供资源以及发展建议。

本书的主要创新体现在研究内容上，即开展了国际视野下的教育信息化领导力课程研究。本书分析了美国教育信息化领导力学位课程在培养目标、入学形式、课程设置以及支持条件方面的特点，以期为完善我国教育信息化领导力的理论研究和实际探索提供有益借鉴。本书不仅从理论上分析教育信息化领导力学位课程的特点，而且通过统计12项培养项目的课程设置和设计者的访谈等实证研究，深入了解教育信息化领导力学位课程的设置情况，并通过个案分析为我国教育信息化领导力课程研究和实践提供参考。

目 录
CONTENTS

前言

第一章

绪 论

伴随现代信息技术的不断发展，人们逐步将信息技术应用于教育并融入教育，从而以信息化促进教育改革创新。从发展过程看，教育信息化大致可分为"起步""应用""整合""创新"4个阶段。当前，我国教育信息化发展过程总体上还处于应用整合阶段，尚未全面进入创新阶段。因此，积极推进信息技术与教育实践全面深度融合，将是我国当前乃至未来一段时间教育信息化发展的关键任务。[①]

在教育信息化浪潮的影响下，传统学校教育存在结构失衡、模式固化、思想陈旧等弊端，受到慕课、微课、翻转课堂等新型教育模式的冲击。这引起学校学生、教师、校长及其他管理人员等利益相关者的重视。因此，教育信息化领导力（educational technology leadership，ETL）不仅是校长等管理者在信息化情境里生存的需求，也是学校学生、教师、校长等其他利益相关者成长发展的需求。

本章首先探讨教育信息化领导力的研究意义与价值，然后界定教育信息化领导力相关的概念，最后概述研究的整体思路和主要方法。

一、教育信息化领导力的研究意义

网络信息时代科技革命所引发的全球变革呼吁教育变革。2018年4月13日，教育部印发《教育信息化2.0行动计划》，标志着我国教育信息化从1.0的应用整合阶段转向2.0的融合创新阶段。这也是基于中国教育信息化40余年发展的必然趋势。2019年印发的《教育部关于实施全国中小学教师信息技术应用能力提升工程2.0的意见》提出了"三提升一全面"的总体发展目标，即校长信息化领导力、教师信息化教学能力、培训团队信息化指导能力显著提升，全面促进信息技术与教育教学融合创新发展。

---

① 卢强. 2016. 技术融入教学的实践逻辑、现实冲突与未来走向. 电化教育研究，(2)：10-17.

我国教育信息化从 1.0 向 2.0 的转型不是一蹴而就的，需要长期的战略部署和行动计划实施。在过去的教育信息化转型过程中，我国取得了突出的成绩，但也存在一些问题。

（一）教育信息化转型及其管理的变革：从1.0到2.0

教育信息化转型是对整个教育体系的使命、战略、结构和文化进行深刻和根本的改变。教育信息化从 1.0 到 2.0，不仅仅是语言描述上的改变，更是面对新时代教育发展的新要求时在发展理念、建设方式上的跃升。为此，我们需要对教育信息化的转型进行深入思考，厘清教育信息化从 1.0 到 2.0 的转型特征。

1. 转型规模：从"三通两平台"走向"三全两高一大"

教育信息化 1.0 时代，我国教育信息化的工作更多的是在装备媒体、建网络、建资源、建平台等方面进行信息化基础设备建设。2012 年 9 月 5 日，刘延东在全国教育信息化工作电视电话会议上做了题为《把握机遇 加快推进开创教育信息化工作新局面》的讲话，提出"'十二五'期间，要以建设好'三通两平台'为抓手，也就是'宽带网络校校通、优质资源班班通、网络学习空间人人通'，建设教育资源公共服务平台和教育管理公共服务平台"[1]。"三通两平台"的推进大大改善了教学信息化环境。教育信息化 2.0 的基本目标是"三全两高一大"。"三全"指教学应用覆盖全体教师，学习应用覆盖全体适龄学生，数字校园建设覆盖全体学校；"两高"指通过信息化应用水平普遍提高和师生信息素养普遍提高实现创新应用；"一大"指最终建成一个"互联网+教育"大平台。教育信息化 2.0 是教育信息化 1.0 的转型、升级和跨越，不仅包括基础设施和资源等教育信息化环境建设，还包括教育信息化应用、管理信息化、保障措施的建设，对师生的能力素养也提出了更高的要求。

2. 转型重点：从教育数字化转向教育的系统性变革

教育信息化 1.0 向教育信息化 2.0 转型，是从提升教育信息化使用的规模和数量上升到提升应用的质量和效果的过程。教育信息化 1.0 主要是以基础建

① 刘延东. 把握机遇 加快推进开创教育信息化工作新局面. http://www.moe.gov.cn/srcsite/A16/s3342/201211/t20121102_144240.html. [2020-12-20].

设、设备配套、应用探索为中心的教育数字化工作，引入教育教学的外部变量。从本质上来说，它是将信息技术依附在传统教育体系上，指向改善、优化传统教育。教育信息化2.0则将教育信息化作为教育变革的内生变量，通过对人才培养模式、教育治理模式、教育服务模式对教育生态进行重构，利用信息技术推动内容创新、方法变革、模式创新，最终改变传统的教学结构，并重构新时代的教学结构。

3. 转型本质：从应用整合转向融合创新

2019年印发的《教育部关于实施全国中小学教师信息技术应用能力提升工程2.0的意见》明确提出，要加强校长牵头的学校信息化管理团队建设，围绕学校教育教学改革发展目标制订信息化发展规划和教师研修计划，立足应用、靶向学习，整校推进、全员参与，建立适应学校发展需求的教师信息技术应用能力提升新模式，激发教师提升信息技术应用能力的内生动力，有效提高教育教学质量。

转型要发生本质的变化，是从量变走向质变的过程。我国教育信息化转型的本质即从应用整合阶段转向融合创新阶段。在教育信息化1.0阶段，信息技术在教育领域得到广泛应用。教育信息化2.0则要逐步实现信息技术与教育全方位深度融合，推动教育观念更新、教育模式变革、教育体系重构，以教育信息化全面推动教育现代化。

（二）推动教育信息化过程中信息化领导力必不可少

随着我国教育发展理念的转变和教育信息化的深入推进，信息技术的发展正在深刻改变着人们的思维、生产、生活和学习方式。学校信息化建设已成为未来学校教育发展战略的制高点。[1]另外，教育信息化已进入2.0时代，信息化建设更受重视，教育信息化的要求越来越高，信息化应用领域也越来越广泛。新的信息技术的出现不断改变组织内部领导系统的环境条件与状态，从而不断引发领导结构和领导方式的变革，由信息化引起的领导力新变化被称为"信息

---

① 皇甫辉，孙祯祥. 2012. 基于学习视角的校长信息化领导力提升. 中国教育信息化（高教职教），（10）：7-9.

化领导力"（e-leadership）。[①] 在推动教育信息化建设进程中，教育信息
力是由领导者自身教育、技术、管理和决策水平决定，受其他利益相关者影
响，在组织管理、教学科研、专业发展、评估等方面表现出来的一系列能力。
总体来说，教育信息化领导力不仅仅是一系列能力的集合，更是推动教育信息
化建设的坚强力量。

例如，2019年河南省教育厅印发的《河南省中小学教师信息技术应用能力
提升工程2.0实施方案》明确指出，中小学校是提升教师全员信息技术应用能
力的关键，校长是第一责任人；组建校长领衔的学校信息化管理团队，围绕学
校教育教学改革发展目标，制定并落实学校信息化发展规划，制定校本研修主
题，指导教师开展基于课堂教学的信息技术应用能力培训，组织校本应用考核
评价，提升学校管理团队信息化发展规划领导力和信息化指导能力。

（三）教育信息化领导力是学校领导者能力的重要内容

校长是学校的灵魂、师者的导师、学校的办学筹划者和组织者，其信息化
领导力将引领学校未来的发展进程。[②] 此外，学校中层管理团队、基层教师以
及学校之外的机构、社团或组织中的相关人员，作为教育教学的组成人员，应
自觉地运用信息化理念和技能，通过参与多种活动来影响学生、同事和领导，
以促进信息化教育教学发展。学校以及其他教育机构中各群体的教育信息化领
导力对教育信息化发展发挥着推动作用。

例如，2019年至今河南省中小学教师信息技术应用能力提升工程2.0的实
施过程中，中小学校依据市县中小学教师信息技术应用能力提升工程2.0的整
体规划，着眼"促进教学方式变革""促进教学效率提升"的教学信息化发展
目标，结合学校信息技术教学应用实际，制定可实现的信息化教育教学发展规
划；综合考虑学校信息化教学环境、信息技术应用现状、教师年龄结构、学科
教学特点等因素，尊重教师专业发展规律，重点围绕多媒体教学环境和混合学
习环境的能力点要求，分层分类确定教师全员研修主题和任务。学校教研组根
据学校信息化教学发展规划、教师全员研修主题和任务，确定本教研组研修任

---

① 孙祯祥，张玉茹. 2015. 教师信息化领导力的概念、内涵与理论模型. 现代远程教育研究，（1）：39-45.
② 刘洋. 2020. 提升校长信息化领导力引领学校未来发展. 课程教育研究，（24）：7-8，10.

务和内容。教师根据教研组确定的研修任务和内容，结合自身实际，确定研修任务清单，完成校本应用实践成果，并提交到规定的考核平台，逐步将信息化技术应用与所教学科相融合，真正做到学以致用。可见，教育信息化领导力不仅关系学校领导者的科学决策和统筹管理，也在较大程度上影响着学校全体教师的信息技术应用能力。

（四）教育信息化领导力在群体能力中相对薄弱

教育信息化领导力对推进信息化教育教学与组织管理、促进教师信息化专业发展等发挥着至关重要的作用。但是，有调查结果表明，校长、管理者等相关人员对教育信息化领导力的认识不足，对教育信息化领导力的重视程度有待提高，甚至部分校长及其他利益相关者对教育信息化领导力持怀疑态度，认为信息化对教育的积极作用较弱。[①]事实上，我国教育信息化领导力发展相对迟缓，难以跟上教育信息化快速发展的步伐，进而制约了信息技术在教育领域的高效应用。

2020年初，新型冠状病毒肺炎疫情暴发，教育部门提出要适时组织开展教师远程教学及信息技术能力在线专题培训，加大对教师信息化能力的培训力度，为教师科学、高效开展线上教育教学提供支撑和保障。也许在原有教育信息化的发展进程中，教育信息化领导力还没有得到广大中小学校长及相关管理者的重视。"停课不停学"中，学校线上信息化教学的应急处置能力，也在一定程度上反映了学校教育信息化领导力。

（五）教育信息化领导力的提升途径与策略有待丰富

近年来，教育信息化领导力的提升途径与策略逐渐受到关注，我国先后开展了针对校长教育信息化领导力的培训，包括线下培训和利用网络平台进行远程培训等。从培训内容来看，其多以某一主题的培训为主，如信息技术在教学中应用能力的主题培训、中小学校长信息技术应用能力提升项目等，此外，还有一些关于教育管理主题的培训，如中小学校长校园安全专题培训等。然而，

---

① 孙祯祥，张玉茹. 2015. 教师信息化领导力的概念、内涵与理论模型. 现代远程教育研究，（1）：39-45.

分主题进行培训导致教育信息化领导力培训体系较为分散。2019年，对全国教育培训有示范引领作用的"国培计划"开始对校长信息化领导力与教师的信息技术应用能力进行统筹规划，作为整体项目一体化推进，以期提高学校整体的信息化教学水平。相较而言，国外的教育信息化领导力提升方式则更为多元化，除了国内常见的自我提升和集中培训之外，还有通过课程学习授予学习者教育信息化领导力学位、通过认证考试授予资格等方式。

二、理论基础

（一）元课程理论：分析课程与学习者的关系[①]

美国学者帕金斯认为课程有课程和元课程两种层次。课程由知识的内容和概念组成；元课程由学习的思维技能和策略组成，以帮助学生理解所学的知识内容，发展独立思考和学习的能力。

元课程不仅强调知识内容如何被学生理解、学习和组织，更强调让学生形成优质的思维模式，从而成为更加主动的思考者和学习者。因此，"元课程的目的是发展较高层次的思维或者说是创造性思维和批判性思维，也是使用智慧的能力"[②]。

具体来说，帕金斯认为元课程的主要内容包含以下六个方面。[③]

1）理解学科的高阶段思维知识（higher-order knowledge of the disciplines）。不同学科有其独特的思维模式。这些思维方式是学科功能的重要部分。如历史、数学、科学学科均有各自不同的假设、命题、陈述。课程教学应使学生掌握相应的思维模式。

2）有效地使用思维语言（language of thinking）。语言提供了丰富的术语和概念，让思维和学习有了重要区分，能够帮助学生高效思维。

---

① 本部分引自赵慧臣，何媛. 2009. 美国大卫·帕金斯的元课程理论解读. 上海教育科研，（7）：15-17. 略有改动。

② Kappan P D. Teaching for the Two-Sided Mind. http://uncletaz.com/at/marapr04/twosidedmind.html. [2004-03-10].

③ Perkins D N. Creating the Metacurriculum. http://www.edweek.org/ew/articles/1993/02/24/22perk.h12.html. [1993-02-24].

3）养成良好的思维品性（thinking disposition）。这些思维品性包括动机、义务、勇气、持久稳固的认知行为和思维习惯。

4）获得整合的智力模式（integrative mental model）。应通过整合视觉或概念模型让思维可视化，为学习者提供理解概念的鸟瞰图。

5）学会学习（learning to learn）。教师需要教授学生关于记忆、理解和使用知识的基本思维技能，即关于如何学习的知识。例如对于历史事件，教师不仅要让学生掌握事实，还要带领学生探索事实背后的深层原因。

6）为迁移而教（teaching for transfer）。强调知识从一个情境到另一个情境的迁移，让学生能够以不同的方式创造性地使用知识。

（二）元课程与课程整合：通过课程提升学生思维能力[①]

对于元课程的实施方式，帕金斯强调不是要用它置换课程，而是将它与课程整合，即思维技能与知识内容的整合。因此，元课程并不是附加在课程中的硬件设备，而是作为理念对课程进行融合与渗透，旨在使课程知识更富有生命力和活力。于是，学生学习历史、数学或其他学科时，不仅能够恰当地使用学科内部的思维语言，获得学科的思维模式，而且可以掌握学习的策略和学习方式，提高学科与学科之间的知识迁移能力。

元课程与课程整合涉及的问题主要包括三个方面。第一，明确元课程应包含体现思维的技能。第二，分析课程教学传统模式背后的假设。传统模式认为，大多数学生已经掌握了解决问题的思维技能，主题知识内容已经体现了思维技能，在教学中不应该为了思维技能而牺牲知识内容。第三，分析课程中教授学生思维技能的操作方法，如课程教学是如何组织的，思维技能与知识内容是怎样整合的。

对于体现思维的技能，元课程不仅包括思维技能（thinking skill）和符号技能（symbolic skill），还蕴含熟悉的技能（familiar skill）和创新的技能（innovative skill）。思维技能是元课程的重要组成部分，符号技能（如语言文字表达等）是思维技能的重要方面。熟悉的技能在教学中常常出现，如阅读和写

---

① 本部分引自赵慧臣，何媛. 2009. 美国大卫·帕金斯的元课程理论解读. 上海教育科研，（7）：15-17. 略有改动。

作就很受重视。创新的技能则往往容易被忽略，如"概念地图"和"思想日记"很少受到人们关注，尽管也被人们认为是有价值的。

与符号技能相比，思维技能更容易被忽视；与熟悉的技能相比，创新的技能更容易被忽视。要获得思维技能，至少有两种教学活动需要考虑：实践教学和结构教学。一方面，学生需要实践，以便能够在活动中有效地使用思维技能；另一方面，大多数思维技能需要重新组织，形成更有效的方式。因此，教师需要在思维教学中调整教学结构，让学生更加重视创意的选择。

分析元课程包含的思维技能并不是要做非此即彼的选择，而是提供更多选择的可能性。教师应采用多种方式使学生的思维技能得到重组，教师在准备元课程时，不仅要选阅读、写作、决策等符号技能和思维技能，还要应用概念地图或系统思维等创新技能。

（三）课程群理论：分析不同课程的协同互补关系①

随着现代科学的发展，新技术、新知识大量涌现，冲击着传统的课程体系。课程之间的界限日益淡化，课程孤立封闭的状态不复存在。单个课程与其他课程交叉融合并形成课程群，已经成为优化教学效果的重要手段。"课程群是以一门以上的单门课程为基础，由三门以上的性质相关或相近的单门课程组成的一个结构合理、层次清晰、课程间相互连接、相互配合、相互照应的连环式的课程群体。"②课程群经过竞争、渗透和协同后，能够形成具有整体优势的课程体系。

相关课程之间具有较强的关联度，单个课程水平的提高还有赖于其他课程的协同作用，否则"仅限于具体的各门课程自身的调节，而没有考虑课程在课程结构和课程体系中的位置和相互关系，没有从整体上使整个课程系统得到改善"③。伴随课程改革的不断深入，课程群协同进化研究作为重要的问题被提出，因为其本身具有一定的实践特征和丰富的实践价值。相关学者在研究课程问题时，将生态和课程联系起来，将生态课程作为重要的研究方面，这里面蕴

---

① 本部分引自赵慧臣. 2012. 课程群协同进化研究述评. 现代教育管理，（12）：99-102. 略有改动。
② 吴开亮. 1999. 关于高师院校课程群建设的探讨. 江苏高教，（6）：69-71.
③ 吴开亮. 1999. 关于高师院校课程群建设的探讨. 江苏高教，（6）：69-71.

含着课程群协同进化的思想。生态课程论学者普遍认为，课程设计应该注重整体观和生态观，提出"课程的重点是学生的自我学习和自我发现，师生是合作的探究者与平等的对话者关系"，"课程实施注重知识与知识之间的联系，注重学习经验、自然界以及生活本身，强调课堂与社会密切相连，提倡到大自然中研究，联系社会，深入社会"。[①]

目前，我国的课程群研究侧重实践基础上的经验总结，而理论研究的深度有待进一步加深。例如，"在人们运用不同的表述方式来界定课程群的各种定义中，除了课程群的规模和课程群之间性质的两个基本特征外，再也难以找到更具体的有操作价值的因素。虽然有人试图从建设目标、开设对象等方面来限定课程群的内涵，但是，我们没有理由否定有别于这些限定的课程集合不是课程群"[②]。人们较多关注课程群建设实践的具体现象，而忽略了解决实践问题亟需的指导理论，甚至导致对课程群性质的认识尚不清晰。例如，"在课程群建设纳入到某所高校乃至政府部门的规划和资助轨道，教师们踊跃组合与申报课程群的今天，对于'哪些是课程群，哪些不是课程群'，这样一个最基本的问题却成为课程群评审的一个技术难题"[③]。所以，当前特别需要从学术角度应用课程群的理论研究成果来指导校长信息化领导力课程建设的实践活动。

三、本书的意义

（一）理论意义

从理论角度来看，本书分章节分析了国内教育信息化领导力的研究现状，在此基础上以美国高校学位培养项目为案例，探讨国外教育信息化领导力学位课程的项目背景、特点以及发展变革，以期为国内教育信息化领导力学位课程提供启示，为教育信息化领导力的研究提供参考理论，拓宽教育信息化领导力提升研究的视角。

近年来，教育信息化领导力逐渐受到国内学者的关注，研究成果日益丰

---

① 付八军，冯晓玲. 2007. 高校课程群建设：热潮还是趋势. 江苏高教，（4）：63-65.
② 付八军，冯晓玲. 2007. 高校课程群建设：热潮还是趋势. 江苏高教，（4）：63-65.
③ 付八军，冯晓玲. 2007. 高校课程群建设：热潮还是趋势. 江苏高教，（4）：63-65.

富。但是具体涉及如何提升教育信息化领导力的课程的文献较少，研究内容主要集中在信息化领导力培训和自我提升方面。本书从学位课程角度探讨教育信息化领导力的提升策略和途径，进而提出相关课程设置的建议，从研究内容上拓展了现有的研究范畴。

（二）实践意义

从实践角度来讲，本书为完善我国教育信息化领导力培训课程提供了国际借鉴。我国教育信息化领导力的主要提升途径包括自学和培训两种方式，难以兼顾个性化与全面化的发展等问题。为了使教育信息化领导力提升方式更加多元化，使社会、学校、教师以及其他利益相关者对教育信息化领导力的培养方式有全面的认识，我们可以借鉴美国的学位课程培养方式，为我国提升教育信息化领导力开辟新途径。

四、相关的概念界定

（一）领导力

"领导力"一词来源于管理学，学者主要从能力的外部表现形式及能力的内部形成机制两个方面对领导力进行概念界定。有学者从能力的外部表现（也就是领导者个人或领导群体所具备的素养方面）来界定领导力，例如美国学者库泽斯和波斯纳在其共同撰写的经典著作《领导力》中，通过详细描述领导者的五种行为，将领导力定义为领导者如何激励他人积极主动地为组织做出贡献的过程。[1] 任真等认为，"领导力是领导者为实现共同目的而具备激励和引导他人的能力"[2]。也有学者从领导力与影响力的互动关系对其进行定义，认为领导力发生作用的过程实质上是影响产生的过程。其中，郄永忠认为，能够影响别人行为的行为称为"领导"，能够影响别人行为的能力称为"领导力"，"领

---

[1] 库泽斯，波斯纳. 2013. 领导力. 5版. 徐中，周政，王俊杰译. 北京：电子工业出版社，4-8.

[2] 任真，王石泉，刘芳. 2006. 领导力开发的新途径——"教练辅导"与"导师指导". 外国经济与管理，28（7）：53-58.

导力"的本质是一种人际关系中的影响力。[①] 另外，有学者从领导力的产生机制进行概念界定，认为领导力是综合多方面而产生的合力。例如，黄颖认为，"领导力指由领导的职能、体制以及素养等多种因素综合共同作用而产生的结果，是产生于领导场域并对领导资源配置过程产生较大影响的能力，是领导者推动组织实现共同目标的核心能力"[②]。

综上所述，本书将领导力定义为领导者在推动组织实现共同愿景的过程中，受其观念、水平、职能以及与其他主体之间的互动关系影响所表现出来的影响他人行为的能力。

（二）信息化领导力

随着人类社会逐渐进入信息时代，领导力的概念也发生变化，信息化领导力应运而生。起初的定义仅仅将信息化领导力作为传统工业时代领导力的继承和拓展。所以，对于信息化领导力的概念界定上，相关学者较多采用以领导力概念为主，增加技术支持等限定条件，并没有对信息化领导力的本质进行深层次的审视。

例如，Avolio 等认为，信息化领导力是在先进信息技术作用下，促使个体或组织在态度、情感、行为、思维方式和工作绩效方面发生变化的能力。[③] 王磊也认为，信息化领导力是领导者在应用信息技术、开展信息化工作的过程中发挥的领导作用以及表现出的领导能力。[④]

随着对信息化领导力的研究与实践的深入，人们发现信息化领导力不仅是对传统领导力的发展与完善，还意味着新的领导理念和变革文化，可以促进组织和机构面向信息化变革。例如，美国咨询专家 Chan 就将信息化领导力定义为致力高层管理人员改组企业、参与信息化竞争的新型的特殊管理方式。[⑤]

---

① 郄永忠. 2006. 优秀领导力的共同基因. 企业管理，（8）：15-17.

② 黄颖. 2006. 和谐城市与城市领导力建设. 领导科学，（3）：40-41.

③ Avolio B J，Kahai S，Dodge G E. 2001. E-leadership: Implications for theory，research，and practice. Leadership Quarterly，11（4）：615-668.

④ 王磊. 2015. 企业信息化领导力形成机理及对竞争优势的影响研究. 长春：吉林大学博士学位论文.

⑤ Chan P K F. 2001. E-leadership: Proven techniques for creating an environment of speed and flexibility in the digital economy. Personnel Psychology，（1）：247-251.

（三）教育信息化领导力

目前，教育信息化领导力内涵的阐释遵循一定的范式，即某一行为主体具备一系列怎样的能力，能够实现怎样的教育目标。例如，Aten将教育信息化领导力定义为：领导者为支持有效的教学实践，通过个人的人际关系和有效整合运用信息技术等多种知识，预测未来科技发展趋势，以达成教育目的。[①]Sampson和Wasser认为，教育信息化领导力指校长和学校管理阶层人员都能对信息技术应用于教学起到示范与支持的作用，并引领教学、文化的革新，应用信息技术来提高教与学环境的效能。[②] Schmeltzer认为教育信息化领导力是学校领导者为帮助教师在课堂中使用信息技术，运用信息技术增进教学实践和发展策略；组成信息化团队以促进学校信息化发展。[③]

国内学者王佑镁等将教育信息化领导力看作个体运用信息素养和能力促进团队实现教育信息化目的的过程。[④] 蒋志辉对国内相关研究文献进行了系统梳理，认为教育信息化领导力研究主要聚焦校长信息化领导力。[⑤]

综上所述，教育信息化领导力主要指受到教育主体自身教育背景、技术认知以及管理决策水平等多方面因素的影响，并在与其他利益相关者互动过程中不断调整、变化，在学校面临信息化挑战时所表现在组织管理、教学科研、专业发展、绩效评估等方面的一系列能力。

教育信息化领导力已经形成教育学、教育技术学、计算机科学、管理学等多学科交叉的态势，逐渐成为国内外教育信息化领域的热点问题。国外研究者自20世纪80年代逐渐开展对教育信息化领导力的研究，相关研究成果在研究主题、研究视角和研究方法等方面呈现出多样化的趋势。

---

① Aten B M. 1996. An Analysis of the Nature of Educational Technology Leadership in California's SB1274 Restructuring Schools. San Francisco：University of San Francisco.

② 转引自 Sadik M. 2008. Leadership and learning environment. Tanmiyat Al-Rafidain, 30（90）：9-19.

③ Schmeltzer T. 2001. Training Administrators to Be Technology Leaders. Technology & Learning，21（11）：16-20.

④ 王佑镁，杜友坚，伍海燕. 2007. 教育信息化领导力的内涵与发展. 中国教育信息化·基础教育，（24）：18-20.

⑤ 蒋志辉. 2011. 教育信息化领导力研究的困境与转向. 现代教育技术，21（8）：30-33.

五、本书研究思路

（一）文献梳理

本书围绕教育信息化领导力主题，通过分析教育信息化领导力研究现状，把握教育信息化领导力的提升策略和提升维度。应用文献分析法，收集国内外有关教育信息化领导力及其课程的理论研究文献，并对研究文献进行梳理，揭示了教育信息化领导力国内外研究现状，为后续研究奠定基础。

（二）现状分析

本书应用文献分析法与内容分析法充分分析后，总结我国目前教育信息化领导力提升工作的现状，并针对提升工作的现状，分析我国教育信息化领导力在提升途径、提升对象、提升内容、提升需求满足情况等具体方面存在的问题，并以相关问题为切入点，通过与国外教育信息化领导力学位课程研究的比较，分析其对国内教育信息化领导力课程设计与教学的启示。

（三）材料收集

本书选取美国乔治·华盛顿大学、德锐大学等12所不同类型、不同层级的大学的教育信息化领导力硕士学位课程作为样本来源，并运用内容分析法对收集的数据进行编码、统计和分析，对学位课程的名称、学时要求、课程结构等相关内容进行梳理统计。此外，笔者通过邮件方式，与部分大学的课程设计者进行访谈，进一步了解教育信息化领导力的课程设置的目标、内容以及教学方法等情况。

（四）个案分析

个案选取体现了教育信息化领导力学位课程的主题，分析、揭示学位课程的特质和存在的问题。因此，本书以肯塔基大学的教育信息化领导力前沿研究中心（Center for the Advanced Study of Technology Leadership in Education，CASTLE）为案例，分析课程设置的历史演变过程，总结课程内容调整的原因、范围、幅度等方面的情况，探讨社会需求、国家标准、技术更新、教学理念等对课程的影响。

（五）问卷调查

本书选定河南省9所初中，通过对不同主体（校长、教师）进行问卷调查从多元视角分析教师群体和校长自身对信息化领导力的评价现状，探讨不同教师个体因素变量对校长信息化领导力的认识程度和评价差异，进一步分析教师所认为的信息化领导力与校长本身信息化领导力的关联性和可能之差异性，从而为探讨美国教育信息化领导力课程的启示提供参考。

（六）提出建议

本书在分析美国12项教育信息化领导力培养项目及课程并选取合适的个案分析其培养课程的历史演变过程的基础上，总结美国教育信息化领导力课程类型、课程内容、课程结构、任课教师以及课程与国家标准之间的联系等方面的特点，并结合我国教育信息化领导力课程的现状提出建议（图1-1）。

六、本书研究方法

（一）文献分析法

文献分析法指通过搜集、鉴别、整理某一研究主题的相关文献，并对文献内容进行系统、客观、量化的分析来获取信息，形成对事实科学认识的一种研究方法。[①]

本书采用文献分析法，以"information leadership of principals""information leadership of education""information leadership course"等为关键词，通过Springer数据库、ERIC Plus Text教育学期刊全文数据库、国外相关学位培养机构的官方网站等搜集英文文献；主要通过中国知网数据库、万方、百度等网络

---

① 黄李辉，阮永平. 2017. 文献分析法在我国管理会计研究中的应用——基于33篇样本文献的分析. 财会通讯，（4）：39-43.

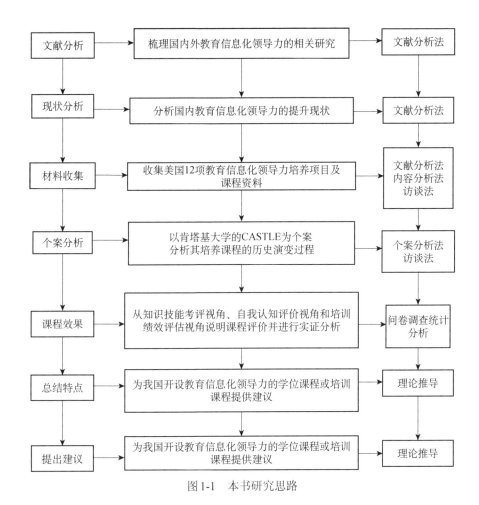

图1-1 本书研究思路

资源，以"校长信息化领导力""教育信息化领导力""信息化领导力课程"等为关键词对2003—2020年的相关文献进行检索，并在已搜集资料的基础上围绕教育信息化领导力的主题，分析了解教育信息化领导力研究现状，把握教育信息化领导力的提升策略和提升维度等方面的内容。

（二）内容分析法

内容分析法是一种对具有明确特征的传播内容进行客观的、系统的和定量的描述的研究技术，[①] 通过对文献的直接内容做定量分析来实现对文献事实的科学

---

① Berelson B. 1952. Content Analysis in Communications Research. New York：Hafner，18.

认识。本书运用内容分析法，以所选取美国的乔治·华盛顿大学、德锐大学等12所不同类型、不同层级的大学提供的教育信息化领导力培养项目中硕士学位课程为样本，对学位课程的名称、学时要求、课程结构进行重新分类、编码与统计，努力通过量化方式反映美国教育信息化领导力硕士学位课程设计特点。

（三）个案分析法

个案分析法指对一个团体、一个组织（包括家庭、社区）或一个人、一个事件进行详尽的调查研究的方法。[①] 本书以肯塔基大学CASTLE为案例，分析其课程的历史演变过程，总结课程内容调整的原因、范围、幅度等方面的情况，梳理社会需求、国家标准、技术更新、教学理念对课程的影响关系。

（四）访谈法

访谈法指通过访谈者和被访者面对面的交谈来了解被访者的心理和行为的心理学基本研究方法，访谈法作为教育研究中进行质性研究的重要方法已被越来越广泛地应用。[②] 本书通过邮件方式，对部分大学的课程设计者进行访谈，了解课程设置的目标、内容以及教学方法等内容，并通过邮件访谈了解课程设置的具体问题来验证结论，以弥补本书难以直接参与美国教育信息领导力学位课程的不足。

（五）问卷调查法

作为国内外社会调查中较为广泛使用的一种方法，问卷调查法是研究者以设问的方式表述问题的表格等对所研究的问题进行度量。本书依据美国教育领导力前沿研究中心研制的信息化领导力课程评价量表与相关文献编制了中学校长信息化领导力量表，对校长及教师进行问卷调查。问卷旨在了解校长信息化领导力自我评价和教师对校长信息化领导力的评价现状。

---

① 刘士忠. 2005. 基于网络的教师教学策略的个案研究. 北京：首都师范大学硕士学位论文.
② 倪建雯，贾珊珊，摆陆拾. 2016. 教育研究中访谈法应用技巧浅析. 教育教学论坛，（8）：76-77.

第 二 章

教育信息化领导力的
相关研究

　　为了更好地认识与理解教育信息化领导力，本章通过对国内外相关研究进行梳理和分析来了解研究的整体状况和发展趋势，从研究主题、研究视角和研究方法三个方面分析教育信息化领导力，再对我国教育信息化领导力进行可视化分析，结合现实问题和未来趋势提出我国在研究教育信息化领导力时应该从哪些方面进行提升。

第一节　教育信息化领导力研究主题的比较分析

　　比较和了解教育信息化领导力的相关概念，有助于理解和把握教育信息化领导力。针对教育信息化领导力研究的相关主题，本书主要从内涵研究、能力构成与评价体系、能力现状与效能关系、提升策略四个方面比较国内外教育信息化领导力的研究。

一、概念内涵研究的比较

　　目前，教育信息化领导力的研究主要聚焦对校长信息化领导力的研究。这可以从研究者对教育信息化领导力的概念界定普遍倾向学校行政领导的能力看出。但是，随着研究的日益深入，研究者逐渐意识到教育信息领导力概念的混用问题，并逐渐开展了教育信息化背景下领导力的相关研究。因此，在分析教育信息化领导力概念时，梳理其与学校信息化领导力（school technology leadership，STL）、校长信息化领导力等概念的关系十分必要。

（一）教育信息化领导力

　　本书在阐述国内外代表性学者对教育信息化领导力定义的基础上，形成对教育信息化领导力的定义，即教育信息化领导力指受知识背景、技术认知、管理、决策水平等因素影响，在与教育行政部门、教师同伴、学生及家长等教育主体的互动过程中，表现出来的综合能力，具体包含组织管理、教学科研、专业发展、绩效评估等方面。

（二）学校信息化领导力

Anderson 和 Dexter 强调，学校信息化领导力是校长及学校的技术协调员在目标制定、政策执行和预算决策等工作中表现出来的能力，使学校更易于有效地使用信息技术。[①] Wright 和 Lesisko 提出，学校教育信息化领导者的领导力包含提供科技支持、协助教师与学生善于利用科技、发展创新方法以跟上科技潮流以及软硬件的实地使用。[②]

Davies 分析了 1998—2008 年发表的有关学校信息化领导力的论文，认为较多学者把校长作为技术的领导者，并在阐述多位学者对校长信息化领导力定义的基础上分析定义存在的分歧之处，指出校长信息化领导力研究领域中的不足，认为应该关注构建校长信息化领导力结构模型研究。[③]

黄荣怀和胡永斌认为，学校信息化领导力可以定义为学校领导群体吸引和影响全体师生和广大教职员工开展信息化建设并持续实现学校信息化发展目标的能力。[④] 张仙等将面向信息化的学校领导力定义为，领导集体运用自身特有的素养、权力等，引领学校的信息化建设和规划、信息技术与课程整合、信息化与学生发展、信息化与教师专业发展、信息化与办公自动化以及教育信息化的评估等，从而提高学校的办学质量。[⑤]

学校信息化领导力作为对学校不同教育主体能力的总称，具体可分为校长信息化领导力、中层团队的信息化领导力及教师信息化领导力。国内主要聚焦

---

① Anderson R E，Dexter S. 2005. School technology leadership：An empirical investigation of prevalence and effect. Educational Administration Quarterly，41（1）：49-82.

② Wright R J，Lesisko L J. 2007. The Preparation and Role of Technology Leadership for the Schools. https://files.eric.ed.gov/fulltext/ED495721.pdf. [2015-08-23].

③ Davies P M. 2010. On school educational technology leadership. Management in Education，24（2）：55-61.

④ 黄荣怀，胡永斌. 2012. 信息化领导力与学校信息化建设. 开放教育研究，18（5）：11-17.

⑤ 张仙，鲁绍坤，郭睿南. 2008. 面向信息化的学校领导初探. 现代教育技术，18（1）：9，20-13.

校长，将其作为信息化领导力能力主体，其他能力主体（教育技术主任、教师等）的相关研究也在逐步展开。根据我国中小学校实行三层管理制度的规定，学校管理分为高层管理（校长、副校长、校务委员等）、中层管理（科室主任、年级主任、学科主任等）和基层管理（学科教师、学生、技术支持人员、后勤与服务人员等）。[1]

中层管理团队指在学校中非第一责任人的管理人员相互协作共同组成的管理团体，他们具体而直接地负责校内各项日常管理工作。任玲玲认为，中层管理团队信息化领导力是在校长引领之下，建立起学校全体成员共同的信息化发展愿景，并使之积极参与学校各项信息化规划与决策的制定，协助校长推进规划的实施并最终实现愿景。[2] 孙祯祥和张玉茹认为，教师信息化领导力是学校信息化领导力的重要组成部分，指教师在教育信息化背景下自觉运用信息化思想和技能，通过教育教学、教学管理、教师专业发展、促进学校信息文化等活动来影响学生、同事和校长，以促进学校信息化教育教学发展和推进教育信息化进程的能力和过程。[3] 于天贞和张晓峰利用结构方程模型探究了学校管理团队信息化领导力的内在结构关系，认为校长及教育管理部门的管理者信息化决策规划能力对信息化管理评估能力、信息化氛围营造能力有直接的正向效应，信息化氛围营造能力对信息化教学支持能力有直接的正向效应，信息化教学支持能力对信息化沟通协作能力有直接的正向效应，信息化沟通协作能力对信息化管理评估能力有直接的正向效应，信息化管理评估能力对信息化教学支持能力有直接的正向效应。[4]

（三）校长信息化领导力

刘美凤从过程角度对校长信息化领导力下定义，提出它是校长意识到信息技术对教学应用的重要作用，并能够通过一系列能力让全校师生员工共同努力推动学校信息化向前发展的过程。[5] 其他学者从能力维度对这一概念进行了阐

① 黄荣怀，胡永斌.2012. 信息化领导力与学校信息化建设. 开放教育研究，18（5）：11-17.
② 任玲玲.2015. 学校中层管理团队信息化领导力评价体系研究. 金华：浙江师范大学硕士学位论文.
③ 孙祯祥，张玉茹.2015. 教师信息化领导力的概念、内涵与理论模型. 现代远程教育研究，(1)：39-45.
④ 于天贞，张晓峰.2020. 学校管理团队信息化领导力的内在作用机制. 现代教育技术，30（6）：100-107.
⑤ 刘美凤.2009. 校长的信息化领导力. 中小学信息技术教育，(4)：4-7.

释。其中，沈书生提出校长信息化领导力是一种面向未来的力量，主张校长具备敏锐的眼光，广泛吸收不同利益相关者的智慧，充分发挥信息技术的作用，支持学校持续发展。[①] 谢忠新和张际平认为，校长信息化领导力指校长利用信息技术整合课程教学、促进信息化管理和教师发展等多方面的能力，具体包括校长利用信息技术支持教学应用、教育决策、管理服务和监测评估等能力。[②]

相对于能力维度的阐释来看，过程维度的定义更强调校长信息化领导力是动态的过程，是以时间为轴线定义信息化环境下校长从愿景规划到具体实施再到目标实现的过程。能力说则以横向的能力维度为出发点来看待校长信息化领导能力。虽然两种观点的分析视角和对象界定不同，但其均认同校长信息化领导力对教育信息化的促进作用。

另外，孙祯祥和翁家隆以教育信息化 4 个发展阶段（计算机教育应用阶段、计算机辅助教学应用阶段、信息技术与课程整合阶段和信息化与教育深度融合阶段）为依据，从教育技术发展阶段解读不同时期校长信息化领导力个体或群体能力的变化，从历史发展角度阐述了不同阶段校长信息化领导能力概念。[③]

赵晓伟和沈书生通过梳理学校管理者信息化领导力的内涵演变的过程，借助"结构-内容"的动态域分析信息化领导力的内涵，从技术采用、流程再造和范式转换 3 个发展阶段，以及从信息化愿景、空间、团队和效益 4 个方面概括其基本结构，从而得出学校管理者需要建立变化意识，适应技术发展，立足内涵构成，实现信息化领导力的持续构建。[④]

雷励华等针对如何更好地提升教育信息化 2.0 时代校长信息化领导力问题，提出构建教育信息化 2.0 时代校长信息化领导力内涵结构，认为教育信息化 2.0 时代的信息化建设以智能信息技术为支撑，以建设智慧校园与发展智慧教育为重点，以应用推进与人才培养为核心，校长信息化领导力具体表现在顶

---

① 沈书生. 2014. 中小学校长信息化领导力的构建. 电化教育研究, 35（12）：29-33.
② 谢忠新, 张际平. 2009. 基于系统视角的校长信息化领导力评价指标研究. 现代教育技术, 19（4）：73-77.
③ 孙祯祥, 翁家隆. 2014. 境外校长信息化领导力内涵的发展历程及启示. 中国电化教育,（2）：27-34.
④ 赵晓伟, 沈书生. 2019. 学校管理者信息化领导力的内涵演变与构建策略. 电化教育研究,（11）：34-40.

层设计、环境建设、应用推进、人才发展与绩效评估等方面①。

为了更好地理解教育信息化领导力内涵及其与相关概念的区别与联系，本书选取概念的代表性观点，从对象主体、能力构成和提升目标 3 个方面对其进行分析（表2-1）。

表 2-1 国内外教育信息化领导力的相关概念辨析

概念	作者	对象主体	能力构成	提升目标
教育信息化领导力	Aten	领导者	个人的人际关系和有效整合运用信息技术等多种知识，并能预测未来科技发展趋势	支持有效的教学实践，达成教育目的
学校信息化领导力	黄荣怀和胡永斌	学校领导群体	吸引和影响全体师生和广大教职员工开展信息化建设	实现学校信息化发展
校长信息化领导力	刘美凤	校长	提供科技支持、协助教师与学生善于利用科技、发展创新的方法	推动学校信息化向前发展的过程
中层管理团队信息化领导力	任玲玲	教务处、教研处、信息装备管理处等中层管理人员	在校长引领之下，建立起学校全体成员共同的信息化发展愿景，参与学校各项信息化规划与决策的制定	提高学校的办学质量
教师信息化领导力	孙祯祥和张玉茹	教师	自觉运用信息化思想和技能，通过教育教学、教学管理、教师专业发展、促进学校信息文化等活动来影响学生、同事和校长	促进学校信息化教育教学发展和推进教育信息化进程

教育信息化领导力不仅存在于学校领域，其他教育组织、社团、政府教育主管部门的相关人员也是教育信息化领导力的能力主体。学校信息化领导力不单指校长应具备教育信息化领导力，中层管理团队以及基层教师也应具备相应的教育信息化领导力。教育信息化领导力广泛分布于教育领域中多种群体（图2-1），但现实中国内的相关研究与实践主要聚焦校长的教育信息化领导力。

近年来，教育部基于教育信息化发展的需求与战略，提出在教育信息化2.0时代施行由校领导担任首席信息官（chief information officer，CIO）的制度。尽管CIO受到了教育领域研究者与实践者的广泛关注，但其核心内涵与能力结构等的研究仍待进一步明确。对此情况，葛文双和白浩基于教育信息化2.0时代CIO应具有的岗位职能，从国家政策、专业标准和实践共识 3 个视角

---

① 雷励华，张子石，金义富. 2021. 教育信息化2.0时代校长信息化领导力内涵演变与提升模式. 电化教育研究，42（2）：40-46.

图 2-1   教育信息化领导力相关概念关系

解读了CIO的核心内涵，并且采用文献综述、质性访谈和专家调查三角互证的研究方法对中小学CIO的关键能力结构进行了深入分析，提出了CIO的能力发展模型，包括信息化决策规划、信息化应用管理、信息化环境建设和信息化效益评估4个外显性的能力维度，以及信息素养、人际沟通、领导力、运营监管、反思实践和创新发展六个关键内在能力要素，并面向CIO的专业发展，提出通过能力认证的培训模式、体系的实践提升策略等来加快CIO的职业化发展进程。[①]

二、能力构成与评价体系研究的比较

研究者对教育信息化领导力构成的研究多基于对相关概念的分析。研究者对教育信息化领导力的概念尚未达成一致性认识，而且教育信息化领导力包含多重主体，所以对其能力组成部分的不同解读使得对教育信息化领导力的能力构成的看法也不同。另外，教育信息化领导力的能力构成是构建评价指标的重要参考维度，研究者通过构建科学、合理的评价指标，为调查、测量和评价信息化领导力提供科学方法。为此，本书也将能力构成与评价体系研究作为研究

---

①   葛文双，白浩. 2020. 教育信息化2.0视域下的首席信息官（CIO）——核心内涵、能力模型与专业发展策略. 远程教育杂志，38（4）：64-73.

主题进行分析。虽然国内外学者对不同主体的教育信息化领导力的能力构成和评价体系进行了多种方式的解读和构建，但根据能力具体包含哪些细节能力维度进行的文献分析，并不能使后续研究者更清晰地了解目前我国教育信息化领导力能力构成研究的分类。因此，本书依据研究构建能力构成模型所参考的依据和使用的研究方法，对我国现有教育信息化领导力的能力构成和评价体系研究进行了重新梳理和分类，将其分为以下 3 种类型。

（一）基于标准的能力构成与评价体系研究

这类研究基于国内外校长信息化领导力的国家或地方标准进行能力构成分析和评价体系构建，研究多以国外标准为主。其中，影响力较大的两项评价指标均是以国家或协会标准为基础制定的指标体系。肯塔基大学 CASTLE 设计的校长信息化领导力评价（principal technology leadership assessment，PTLA）[1]是基于 2002 年发布的《面向管理者的教育技术标准》[National Educational Technology Standards for Administrators，NETS·A，简称 NETS·A（2002）] 构建的，被广泛应用于中小学校长信息化领导力现状测量与评价。例如，美国学者 Duncan 于 2011 年利用 PTLA 调查了弗吉尼亚州公立学校校长的信息化领导力水平，并与 NETS·A（2002）进行对比，发现尽管十年前已经颁布标准，但是弗吉尼亚州公立学校校长在标准的 6 个维度（领导力与愿景，学习与教学，生产力与专业实践，支持、管理和操作，评价与评估，社会、法律和道德问题）中有 5 个维度很难达到最低要求，并据此提出调整弗吉尼亚州公立学校校长培训的课程标准，以弥补校长信息化领导力的不足。[2]与 PTLA 不同的是，美国学者 Davis 基于国际教育技术学会（International Society for Technology in Education，ISTE）出版的《作为技术领导者的教师》[3]（Teachers as Technology Leaders）构建了教育信息化领导力评价量表（Education Technology

---

① Vallance M. 2014. UCEA Center for the Advanced Study of Technology Leadership in Education. University of Minnesota：Principals Technology Leadership Assessment. http://www.schooltechleadership.org/. [2015-06-20].

② Duncan J A. 2011. An Assessment of Principals' Technology Leadership：A Statewide Survey. https://www.learntechlib.org/p/122147/. [2016-06-16].

③ Twomey C R，Shamburg C，Zieger L B. 2006. Teachers as Technology Leaders. Eugene：ISTE Publications.

Leadership Assessment，ETLA）[①]。

国内学者孙祯祥等结合美国 2009 年发布的 NETS·A［简称 NETS·A（2009）］中的富有远见的领导、数字时代的学习文化、卓越的专业实践、系统改进、数字公民，从塑造未来、领导学习与教学、自我发展与协同工作、管理组织、获得支持与履行职责、加强社区合作 6 个方面阐述了学校管理者与教师各自的信息化领导力能力构成，构建了学校信息化领导力评价体系。[②]这为我国学校信息化领导力评价提供了基于国家标准的评价指标体系。但 2009 年的NETS·A 是基于美国的教育环境和社会背景发布的，受美国政治、经济、文化、历史等多方面因素的影响，同时美国的学校组织构成、教育信息化程度、校园学习文化等方面与我国也存在一定的差异。尽管基于多个国家标准制定的评价指标在我国的适用性还有待进一步验证，但基于国家标准的评价思想对后续的评价研究仍有借鉴意义。NETS·A（2002）和 NETS·A（2009）的维度见表 2-2。

表 2-2　NETS·A（2002）和 NETS·A（2009）的维度

比较项	维度
NETS·A（2002）	① 领导力与愿景（leadership and vision） ② 学习与教学（learning and teaching） ③ 生产力与专业实践（productivity and professional practice） ④ 支持、管理和操作（support，management，and operations） ⑤ 评价与评估（assessment and evaluation） ⑥ 社会、法律和道德问题（social，legal，and ethical issues）
NETS·A（2009）	① 富有远见的领导（visionary leadership） ② 数字时代的学习文化（digital age learning culture） ③ 卓越的专业实践（excellence in professional practice） ④ 系统改进（systemic improvement） ⑤ 数字公民（digital citizenship）

（二）基于文献的能力构成与评价体系研究

这类研究以文献分析为主，侧重基于国内外校长信息化领导力结构研究，在理论层面归纳总结能力构成并建构评价体系。在国外，研究者以可测量的行

---

① Davis G. 2008. The Development and Field Test of the Education Technology Leadership Assessment Survey. Ames: Iowa State University.

② 孙祯祥，任玲玲，郭旭凌. 2014. 学校信息化领导力的概念与评价研究. 电化教育研究，35（12）：34-40，62.

为表现构建教育信息化领导力能力维度。例如 Anderson 和 Dexter 认为，学校信息化领导力由 9 个能够利用信息技术帮助改善学校的指标集合而成：技术委员会（technology committee）、教育信息化预算（school technology budget）、地方支持成本（district support costs）、校长邮件使用频率（principal's emails）、校长对信息化的关注程度（principal time on technology）、教师信息化的专业发展政策（staff development policy in place for technology）、补助金（grants）、知识产权政策（intellectual property policy in place）和其他政策（other policies）。[①]

在国内研究初期，研究者只是对校长信息化领导力能力构成大致进行了能力维度的划分，并没有对能力进行更为具体的、可执行的描述。其中，肖玉敏提出校长技术领导力的"三层次说"，即信息技术的基本知识和技能、信息技术理解与应用的能力和信息化管理水平[②]；祝智庭和顾小清从规划、课程、教师发展和规制建设提出校长信息化领导力"四方面说"[③]；王佑镁从意识态度、知识技能、整合应用、规划评估、伦理规范提出的"五个维度说"[④]等。

随着研究的日益深入，国内学者也制定了相关的评价指标。其中，谢忠新和张际平基于系统理论的视角提出了校长信息化领导力的评价指标体系[⑤]；化方和杨晓宏采用历史文献法和层次分析法，对我国学者关于校长信息化领导力的结构组成的观点进行了分析，并构建了中小学校长信息化领导力的评价指标体系[⑥]。尽管这些校长信息化领导力评价指标具有一定的可操作性，但依然存在各项指标的叙述用语比较笼统、在行为和程度等方面还需要进一步细化描述等问题。

针对其他主体的教育信息化领导力评价体系研究，还包括学校中层管理团队信息化领导力评价指标体系研究。其中，任玲玲通过对国内外现有的评价体

①　Anderson R E, Dexter S L. 2000. School technology leadership: Incidence and impact. Teaching, Learning and Computing: 1998 National Survey（No.6）. Minneapolis: Center for Research on Informational Technology and Organisation. http://www.crito.uci.edu/tlc/findings/report_6/report_6.pdf. [2015-10-24].

②　肖玉敏. 2008. 校长的技术领导力探究. 上海：华东师范大学博士学位论文.

③　祝智庭，顾小清. 2006. 突破应用瓶颈，关注教育效益：教育信息化建设的问题与对策. 中国教育报，2006-03-06（03）.

④　王佑镁. 2006. 面向基础教育信息化的校长信息素养差异及结构模型研究. 中国电化教育，（11）：12-16.

⑤　谢忠新，张际平. 2009. 基于系统视角的校长信息化领导力评价指标研究. 现代教育技术，19（4）：73-77.

⑥　化方，杨晓宏.2010.中小学校长信息化领导力绩效指标体系研究. 中国教育信息化·基础教育，（4）：7-10.

系进行整理、分析与总结，结合现代教育领导力理论基础，构建了学校中层管理团队信息化领导力的构成模型，在此基础上提出了相应的评价指标体系。[①] 此外，还有针对基层教师的信息化领导力评价指标。其中，张玉茹通过分析教师领导力的相关研究，结合信息化背景，提出教师信息化领导力的4个构成部分（教师信息技术能力、教师信息化教学领导力、教师信息化专业发展领导力和教师学校信息化文化领导力），并根据每个构成部分的具体任务和特点分析了教师信息化领导力的具体内涵。[②] 赵磊磊通过概念解读指出，校长的信息化领导力本质上属于技术能力与领导能力二维融合的产物，主要涉及信息技术能力、信息化规划能力、信息化管理能力以及信息化评估能力4个方面。[③]

（三）基于实证的能力构成与评价体系研究

这类研究以调查、访谈等实证研究为主，基于现状调研并对收集到的数据进行因素分析，探讨校长信息化领导力能力构成和评价指标。例如，加拿大的Yee通过对加拿大、新西兰和美国的10所教育信息化程度较高学校的校长、教师和学生进行访谈，总结出校长的信息技术领导力分为8个方面[④]：公平提供（equitable providing）、以学习为中心的展望（learning-focused envisioning）、探险性学习（adventurous learning）、韧性教学（patient teaching）、保护性赋能（protective enabling）、持续性监控（constant monitoring）、创业型网络（entrepreneurial networking）和谨慎地面对挑战（careful challenging），其中每个方面又有更为具体的要求。

同样，国内也在逐步开展基于实证的相关研究。其中，杨蓉访谈了20所中小学的校长、教师、网络管理员和学生，并结合网上调查问卷对数据进行因子分析，建立校长信息化领导力评价指标体系，阐释了校长信息化领导力的能力

① 任玲玲. 2015. 学校中层管理团队信息化领导力评价体系研究. 金华：浙江师范大学硕士学位论文.

② 张玉茹. 2014. 教育信息化背景下的教师领导力研究. 金华：浙江师范大学硕士学位论文.

③ 赵磊磊. 2017. 校长信息化领导力：概念、生成及培养. 现代远距离教育，（3）：19-24.

④ Yee D L. 2000. Images of school principals' information and communications technology leadership. Journal of Information Technology for Teacher Education，9（3）：287-302.

构成。① 郭旭凌在相关研究文献的基础上初步提出校长信息化领导力评价体系，并以评价维度为框架设计问卷内容，对教师和学校管理人员进行调查，通过数据分析结果确定评价体系各指标的权重系数。② 王永军提出了面向教育4.0的中小学校长信息化领导力框架，结合迭代式中小学校长的半结构调查，提出校长信息化领导力框架主要包含创新发展规划者、系统转型推动者、变革教学引领者、主动学习示范者4个维度20个基本要点。③ 李华和李昊从构成校长信息化领导力水平体系中的各要素出发，构建了提升校长信息化领导力的方法，并从"解构与重组""众筹与外包""引领与探索"等方面提出了应对未来时代挑战的策略。④

总而言之，各类能力构成和评价标准并无优劣之分，却有适用之别。①不同分类体系研究有各自的优点。一是基于标准的能力构成与评价体系研究可能较少程度地受研究者的主观影响，标准可操作性较强，而且其能力维度划分较为多元化；二是基于文献的能力构成与评价体系研究以大量已有的文献为研究基础，充分吸纳了来自国内外的不同的新颖的学术性观点；三是基于实证的能力构成与评价体系研究以现实情况反映真实能力构成。②不同分类体系研究也各有不同的缺点。一是基于标准的能力构成与评价体系研究虽受主观影响小，但会受到社会背景和教育环境等外界不可排除性因素的影响，所以我国是否可以直接使用国外一些标准还有待进一步验证；二是基于文献的能力构成与评价体系研究基于大量已有文献，在某种程度上难以创新研究教育信息化领导力；三是基于实证的能力构成与评价体系研究因其实践性难度比较大，难以实现大样本调查，样本量太小时，其说服力会降低。因此，不同的分类体系研究各有优缺点（表2-3），综合使用 3 种体系并取其精华，对教育信息化领导力研究会有更好的促进作用。

---

① 杨蓉. 2007. 北京市农村中小学校长信息化领导力影响因素个案研究. 北京：首都师范大学硕士学位论文.

② 郭旭凌. 2013. 学校信息化领导力评价体系研究. 金华：浙江师范大学硕士学位论文.

③ 王永军. 2020. 面向教育4.0的创新发展：中小学校长信息化领导力框架之构建. 远程教育杂志，38（6）：41-49.

④ 李华，李昊. 2017. 农村中小学校长信息化领导力提升路径研究. 现代教育技术，27（6）：64-70.

表 2-3　各类校长信息化领导力能力构成与评价体系研究特点

分类	优点	缺点
基于标准的能力构成与评价体系研究	能力维度的划分较为全面，受研究者主观影响小，同时操作性较强	标准受社会背景和教育环境影响，国外标准在我国的适用性还有待进一步验证
基于文献的能力构成与评价体系研究	基于已有大量研究总结能力维度，能够吸收国内外观点	大多是能力类型划分，描述较为笼统，缺乏细致的能力描述
基于实证的能力构成与评价体系研究	基于现实情况构建，反映真实能力构成	由于样本较小，对其他地区的借鉴意义较小

三、能力现状与效能关系研究的比较

本书在对教育信息化领导力现状进行调查研究后，将开展教育信息化领导力与其他能力效能关系的辩证研究。将能力现状与效能关系的比较研究分为研究者对能力主体自身的调查和与其他主体之间关系的调查两个方面。

（一）教育信息化领导力能力现状的调查研究

在国外能力现状的调查中，国内外学者对教育信息化领导力的各维度能力水平、自我感知程度以及个体差异对能力的影响等方面进行了大量研究。在各维度能力水平的调查中，美国学者 Duncan[①]、土耳其学者 Banoğlu[②]和马来西亚学者 Nordin 等[③]均利用 PTLA 调查不同地区校长的信息化领导力水平，以发现学校校长信息化领导力在各能力维度存在的不足，并建议调整学校校长培养的课程标准以弥补不足。此外，相关研究者还对校长信息化领导力的自我感知程度和个体差异对能力的影响进行了研究，例如，土耳其学者 Ünal 等对 320 名学校管理者的领导力自我效能感知水平进行了调查，同时检验了不同学校级别、专业资历、是否参与在职培养项目的学校管理者信息化领导力水平是否存在差

---

① Duncan J A. 2011. An Assessment of Principals' Technology Leadership：A Statewide Survey. https://www.learntechlib.org/p/122147/. [2016-06-16].

② Banoğlu K. 2011. School principals' technology leadership competency and technology coordinatorship. Educational Sciences：Theory and Practice，11（1）：208-213.

③ 转引自 Norazah N，Yusma Y，Kamaruzaman J. 2010. A quantitative analysis of Malaysian secondary school technology leadership. Management Science and Engineering，4（2）：124-130.

异。[1] Grey-Bowen 通过对 103 名小学校长的信息化领导力自我感知情况进行了调查，并对比了 NETS·A（2002）的能力维度，结果发现：生产力和专业实践是校长最擅长的领域，而评价、支持、管理和操作是其最不精通的领域；校长将信息化领导力中的愿景规划与社会法律道德视为最重要的两项。[2]

国内研究者通过问卷调查、实地访谈等方法对校长信息化理念与规划、技术与教学整合、信息化资源的管理与绩效评估、促进师生发展等多个维度进行调查，调查了北京、山东、湖北、甘肃、江苏、海南等地区的中小学校长，分析了中小学校长信息化领导力的现状，并根据调查结果显示出的主要问题，提出促进校长信息化领导力提升的建议。在对现状调查结果中，不同地区的中小学校长信息化领导力水平存在较大差异。其中，李莎莎对武汉地区的调查，结果显示，中小学校长的信息技术使用能力与信息化规划与协调能力较强，但学校信息化管理水平较低，同时对教师信息化专业发展关注不够，相关能力有待提高。[3] 朱雪峰和袁娟娟对西北地区农村中小学校长信息化领导力进行调查的结果显示，农村中小学校长存在对信息化领导力认识有偏差、信息技术应用能力有待提高、缺乏信息化规划与创设校园信息文化的能力等问题。[4] 可见，不同地区校长的信息化领导力水平具有较大差异。为此，提升策略和提升内容需要依据校长的能力水平和现实条件进行规划和实施。

除校长作为信息化领导力能力主体之外，研究者还对中层管理团队的信息化领导力进行调查。其中，陈倩华对中小学的学科带头人、教研主任（副主任）、行政人员（教务管理人员）及其他中层管理者就其教育信息化领导力具体方面进行了调查，认为中层管理团队的信息化规划建设、信息化教学指导、信息化环境建设、信息化沟通、信息化管理评估和基本信息素养水平较低。[5]

教育信息化领导力的能力主体范围又将区域教育管理者纳入其中。张文兰

① Ünal E，Üzun A M，Karataş S. 2015. An examination of school administrators' technology leadership self-efficacy. Croatian Journal of Education，17（1）：195-215.

② Grey-Bowen J E. 2010. A Study of Technology Leadership among Elementary Public School Principals in Miami-Dade County. Fredericton：St. Thomas University.

③ 李莎莎. 2013. 中小学校长信息化领导力现状及提升策略研究. 武汉：华中师范大学硕士学位论文.

④ 朱雪峰，袁娟娟. 2014. 西北欠发达地区农村中小学校长信息化领导力调查与思考——以甘肃省Y县为例. 当代教育与文化，6（1）：60-66.

⑤ 陈倩华. 2015. 学校管理团队信息化领导力现状调查及提升策略研究. 金华：浙江师范大学硕士学位论文.

等指出，"为未来准备的领导力"的4个核心领域包括协作领导力、个性化学生学习、稳健的基础设施、个性化专业学习，并针对每个领域给出了学区领导应践行的标准，结合美国8个学区向信息化教学转变的成功案例，剖析其中可以借鉴的做法和模式，并对提升我国教育管理者信息化领导力提出建议。[①]

调查分析不同主体的教育信息化领导力的能力现状，对促进其能力提升具有重要意义。它使能力主体及培训者能够更清晰地知晓在各自教育信息化领导能力链条上哪些方面亟待提升，哪些能力又需要完善和改进。但仅知道能力现状是远远不够的，因为造成各个能力主体信息化领导力不足的原因是多方面的，自身的感知程度、个体差异（性别、学历、学校级别、是否参与过培训）等因素均会对调查结果产生影响。因此，在调查信息化领导力时，其影响因素成为研究者需要重视的问题。

（二）教育信息化领导力效能关系的调查研究

除了对不同主体进行教育信息化领导力的现状研究之外，某些研究者将各个主体的信息化领导力放在信息化教学环境中，探讨其与其他因素之间的辩证关系。主要包括以下几种类型。

对于校长信息化领导力与学校信息化整体水平之间的关系，Anderson 和Dexter 基于已有文献和NETS·A（2002），对美国800所学校的校长信息化领导力的特征以及对学校绩效成果的影响进行了调查，结果显示信息化领导力是学校教育更为有效利用技术的必要条件。[②]伍海燕采用互动分析数据，分析了校长信息化领导力与学校信息化建设之间的关系，提出校长信息化领导力是学校信息化建设与发展的内在驱动力量和核心因素，同时学校信息化建设与发展也会促进校长信息化领导力的提高，两者呈现一种良性的互动关系。[③]赵磊磊和赵可云探究校长信息化领导力与校长领导效能之间的关系，通过使用中学校

---

① 张文兰，刘盼盼，闫怡. 2019. 美国教育管理者信息化领导力提升策略管窥与启示——基于对《为未来准备的领导力特征：一项研究综述》的解读. 中国电化教育，（12）：40-46.

② Anderson R E，Dexter S. 2005. School technology leadership：An empirical investigation of prevalence and effect. Educational Administration Quarterly，41（1）：49-82.

③ 伍海燕. 2010. 中小学校长教育技术领导力与学校信息化发展的互动关系研究. 现代教育技术，20（10）：16-22.

长信息化领导力对校长领导效能作用机制的测量量表及调查数据的结构方程模型，提出校长的信息技术素养对其信息化规划能力、信息化管理能力、信息化评估能力可产生直接的正向效应，校长的信息化规划能力对其信息化管理能力能够产生直接的正向效应，校长的信息化评估能力对其信息化管理能力与信息化规划能力能够产生直接的正向效应，校长的信息化管理能力与信息化评估能力对其领导效能可产生直接的正向效应。[①]

对于校长及管理团队信息化领导力与学生学业成绩和教学质量之间的关系，Hamzah 等调查了 12 所绩效水平较高的中学的 96 名管理者，研究结果显示，校长信息化领导力与教学质量之间存在显著相关关系，信息化领导力水平较高的校长会付出较多的努力来提高信息技术在学校教学中的应用效率，从而提高教学质量。[②]

对于校长及管理团队信息化领导力策略与学校管理有效性之间的关系，Weng 和 Tang 通过半结构化访谈、专家效度调查和试验研究设计了"技术领导策略和学校行政效能量表"，对我国台湾地区 82 所小学的 323 名管理者进行了关于校长信息化领导力策略与管理有效性之间的关系以及校长信息化领导力策略是否能够预测学校管理有效性的调查，结果表明，校长信息化领导力策略能够对学校管理的有效性产生积极影响。[③] 王淑华和王以宁以人格特质为研究视角，引入组织氛围为中介变量，运用典型相关分析法和 Bootstrap 中介检验法分析了人格特质和组织氛围对校长信息化领导力的影响。研究结果表明：外向性、开放性和责任感特质分别对校长信息化领导力具有显著正向影响；组织氛围在外向性和开放性特质对校长信息化领导力的影响中存在中介效应，组织氛围在责任感特质对校长信息化领导力的影响中不存在中介效应。[④]

对于教师信息化领导力与学校其他群体之间的关系，孙祯祥和张丹清借助

① 赵磊磊，赵可云. 2016. 校长信息化领导力对校长领导效能作用机制的实证研究——基于结构方程模型的调查分析. 现代远距离教育，（3）：68-73.

② Hamzah M I M，Juraime F，Hamid A H A，et al. 2014. Technology leadership and its relationship with School-Malaysia Standard of Education Quality（School-MSEQ）. International Education Studies，13（7）：278-285.

③ Weng C H，Tang Y. 2014. The relationship between technology leadership strategies and effectiveness of school administration: An empirical study. Computers & Education，76：91-107.

④ 王淑华，王以宁. 2021. 人格特质与校长信息化领导力的关系：组织氛围的中介效应. 现代远距离教育，（1）：89-96.

勒温的场动力理论并通过问卷调查法，从教师自身主体动力、学校制度结构、教师外在动力因素等方面阐述了教师信息化领导力的影响因素。[①] 有学者认为，教师信息化领导力的培养和提升需要学校制度作为保障，要充分挖掘教师自身的内部动力因素，同时还需要外在因素的促进与保障。[②] 段春雨以2005—2020年国内外发表的42篇校长信息化领导力与教师信息技术应用能力水平之间的影响为关注重点，采用元分析方法对相关调节变量的效应差异进行了探究，提出：校长信息化领导力对教师信息技术应用行为具有较弱的正向影响，校长信息化领导力对教学效能与技术整合度影响较大，对学校教师应用态度和应用技能影响较小；校长信息化领导力影响效应在性别、教龄、学段上都具有显著差异，具体表现在校长信息化领导力对男教师的正影响水平略高于女教师，校长信息化领导力对教龄越长的教师的负向影响越大，大学和小学的校长信息化领导力对教师的信息技术应用能力的影响最明显，对中学教师及混合教师的影响适中，对幼儿教师的影响最弱。[③]

概括而言，我国研究者已经意识到教育信息化领导力不是某个人的能力单纯、孤立的存在，但与国外相比，研究主体的范围还有待扩展。将各个能力主体的教育信息化领导力放在整个教育大背景下，分析其与教育环境下其他主体之间的效能关系，是我国教育信息化领导力研究需要完成的任务。

四、提升策略研究的比较

教育信息化领导力研究的最终目的是提高教育信息化领导力，促进信息技术与教育的深度融合。其中，教育信息化领导力的提升策略研究更是直接以此为研究的首要目的。在提升对象方面，国内除了少数研究介绍了有关中层管理团队的信息化领导力培训之外，更多的研究将教育信息化领导力聚焦校长群

---

① 孙祯祥，张丹清. 2016. 教师信息化领导力生成动力研究——借助场动力理论的分析.远程教育杂志，(5)：105-112.

② Weng C H, Tang Y. 2014. The relationship between technology leadership strategies and effectiveness of school administration: An empirical study. Computers & Education, 76: 91-107.

③ 段春雨. 2020. 校长信息化领导力对教师信息技术应用行为的影响研究——基于42篇实证研究文献的元分析. 中国远程教育，(10)：23-33.

体。因此，本书主要对国内外校长信息化领导力的提升策略研究进行总结、分析。目前，自学和接受正规培训是在我国校长信息化领导力研究中较多被提及的提升途径。其中，皇甫辉提出把实体和网络学习共同体结合起来，并综合利用多种学习资源，以实现校长信息化领导力水平的整体提升。[①] 而国外除了自我提升外，还有培训课程、学位课程、行业认证 3 种形式。本书将分别探讨国外的这三种提升方式。

（一）校长信息化领导力的培训课程

国外校长信息化领导力的培训课程研究，除了对培训课程内容资源进行开发以及课程实施策略进行设计之外，还注重对培训课程的效果进行分析。例如，Ertmer 等对 8 位参加校长信息化领导力在线课程学习的中小学校长进行了调查，发现与课程开始之前相比，这些校长对信息技术与课程整合的态度以及支持教师运用技术进行教学的方法等方面有明显改变。[②] 研究者通过分析访谈和课程讨论数据认为，校长视信息化领导力为"共同责任"（shared responsibility），并且校长需要同时具备管理技能和技术知识。

国内研究者从技术和方法两个方面探索了校长信息化领导力培训课程实施的方式、策略和模式。其中，皇甫静静从方法层面入手，在反思校长信息化领导力培训没有得到应有的重视、培训方式与校长信息化领导力的契合程度、培训所需人力物力等相关资源的支持程度、校长信息化领导力培训的现实需求与可行性等问题的基础上，通过实际案例分析国外校长信息化领导力混合式培训方式的特点，提出结合特定的标准同时重视信息技术与课程整合和实践活动等培训建议。[③] 王芳芳着眼培训所需案例资源的设计开发，根据校长培训的特点提出建设案例资源库的策略，基于对校长学习需求的调查和培训实践中的真实问题，对案例资源库的功能和内容模块进行设计。[④] 庞敬文等设计了混合学习

---

① 皇甫辉. 2013. 校长信息化领导力的提升——基于学习共同体设计的研究. 金华：浙江师范大学硕士学位论文.

② Ertmer P A，Bai H，Dong C，et al. 2003. Online professional development: Building administrators' capacity for technology leadership. Administrator Attitudes，19（1）：5-11.

③ 皇甫静静. 2011. 中小学校长信息化领导力探究. 金华：浙江师范大学硕士学位论文.

④ 王芳芳. 2013. 提升校长信息化领导力的案例资源库建设研究. 金华：浙江师范大学硕士学位论文.

环境下中小学校长信息化领导力培训的模型，探讨了如何在混合学习环境的支持下促进中小学校长信息化领导力培训的开展，为我国中小学信息化领导队伍建设提供借鉴。^①杨金勇等对比分析了中美两国教育信息化领导力标准的适用对象、主要任务和具体内容，发现中美两国在中小学领导体制上存在差异，美国的标准适用对象更广，我国的标准任务更加明晰；对比分析两国提升项目的课程结构、评价方式、保障措施和认证方式，发现美国学校信息化领导力倡议（School Technology Leadership Initiative，STLI）项目内容范围更广，授课方式能满足学习者个性化的需求，我国"提升项目"的内容针对性更强，认证方式和保障措施方面还有较大的进步空间，建议我国在提升校长信息化领导力方面，应创新培训模式、规范课程实施、保障认证机制。^②

（二）校长信息化领导力的学位课程

与传统培训相比，通过学位课程提升校长信息化领导力的方式具有培训内容更完整和全面、完成课程学习可获得学位证书等优势。因此，学位培养方式也是提升校长信息化领导力可选择的方式，其中学位课程如何设置、教学内容如何选择是研究者关注的重点。Brahier等对美国最早创办校长信息化领导力培养项目的明尼苏达大学的课程进行了描述，强调课程要基于国家标准、情境学习理论、混合教学和技术工具的协同。^③Cavanaugh介绍了北佛罗里达大学的校长信息化领导力的硕士学位课程设计开发过程，提出课程的设计要充分考虑利益相关者和校长信息化领导力标准，并咨询多方建议以确保课程内容符合地区学区需要。^④Iudica对佛罗里达州的16所大学的校长领导力项目进行了统

---

① 庞敬文，高琳琳，唐烨伟，等. 2016. 混合学习环境下中小学校长信息化领导力培训对策研究. 电化教育研究，37（6）：20-27.

② 杨金勇，尉小荣，吴安，等. 2018. 中美两国中小学校长信息化领导力比较研究. 电化教育研究，39（5）：122-128.

③ Brahier B，Whiteside A，Hughes J E，et al. 2005. School technology leadership：Theory to practice. Academic Exchange Quarterly，（9）：51-55.

④ Cavanaugh C. Design for an educational technology systems course to meet NCATE/ISTE standards in educational technology leadership//C. Crawford. Proceedings of Society for Information Technology & Teacher Education International Conference. Chesapeake，VA：Association for the Advancement of Computing in Education（AACE），2003，2730-2733.

计，对其中技术课程的情况进行了分析，并且与 NETS·A（2009）和《佛罗里达校长技术领导力标准》进行了比较，分析课程的特点与不足，提出教学大纲应强调新兴技术和国家标准。[①] 基于研究者、实践者以及高校教师意见制定的国家技术标准和地方技术标准对校长信息化领导力的提升有很大影响。

虽然在过去的几年中我国先后开展了校长信息化领导力的相关培训，但以学位课程促进能力提升的方式还未出现。在理论研究方面，王玥和赵慧臣通过介绍分析美国中小学校长信息化领导力学位培养项目，探讨了如何通过课程设计方式来提升中小学校长信息化领导力。[②]

（三）校长信息化领导力的行业认证

国外校长信息化领导力的提升途径除了可授予学位证书的培养项目之外，还设置了校长信息化领导力行业认证（certified education technology leader，CETL）考试项目，为校长信息化领导力的提升与发展提供了另一种可选择途径。该项目旨在对教育信息化领导者进行专业认证，确保证书能够有效反映现代首席技术官的职业水平。CETL 认证考试的主要内容基于中小学教师首席技术官基本技能框架。该框架包括 3 个主要部分（领导力与愿景、理解教育环境和管理技术与支持资源），强调教育技术领导者必备的职责和知识的具体技能领域。

虽然国内校长信息化领导力的相关培训也可以颁发结业证书，但与国外基于行业标准的认证考试相比还有一定距离。获得教育信息化领导力认证能够向员工、监管者和其他利益相关者证明，校长已经掌握面向信息化学校发展的规划能力和构建 21 世纪学校学习环境的知识与技能。为此，我国可以借鉴这种方式促进校长信息化领导力提升。

对比国内外教育信息化领导力研究，发现不同之处主要集中在 4 个方面。①对教育信息化领导力概念界定不同：国内主要聚焦校长，而国外包含的主体范围更广。②能力构成分析与评价体系建构的依据不同：国内以基于文献分析

[①] Iudica A M. 2011. University Educational Leadership Technology Course Syllabi Alignment with State and National Technology Standards. Ann Arbor：Florida Atlantic University..

[②] 王玥，赵慧臣. 2015. 美国校长信息化领导力提升项目的特点与启示. 开放教育研究，（3）：55-64.

研究为主，国外以基于标准研究为主。③能力现状调查内容的范围不同：国内以能力现状为主，国外以能力主体与其他因素之间的效能关系为主。④校长信息化领导力提升途径不同：国内以自我提升和培训为主，国外还有学位课程和行业认证等方式。对国内外校长信息化领导力研究进行分类对比（表2-4）能比较清晰地了解国内外的研究现状和研究特点，为我国的相关研究理清思路。

表2-4　国内外校长信息化领导力研究的类型分布情况

分类依据	主要分类	国内研究	国外研究
理论基础研究	概念内涵	聚焦校长	较大的主体范围
	能力构成与评价体系	以基于文献分析研究为主、基于实证分析研究为辅	以基于标准研究为主、基于实证分析研究为辅
提升应用研究	能力现状	各维度的能力现状为主	能力主体的信息化领导力与学校、教师之间的效能关系
	提升途径	自我提升、培训	培训、学位课程、行业认证

第二节　教育信息化领导力研究视角的比较分析

国外学者不仅对校长个人的信息化领导力进行全面的调查分析，还从教师、学生等其他主体视角调查校长信息化领导力。其中，Erden H 和 Erden A 以小学教师为研究对象调查了其对小学校长信息化领导力的感知情况，调查结果显示，大多数校长不能在学校中有效地运用信息化领导力，教师认为校长信息化领导力处于一般水平，此外，教师的性别因素对调查结果有显著影响。[①]

就我国相关研究而言，蔡东钟和黄晓筠用问卷调查法，以台东县公立小学教师为调查和分析对象，进行了小学教师对校长信息化领导力重视度与满意度调查，结果表明：教师对校长信息化领导力的重视度与满意度均为中上水平，并且校长信息化领导力的重视度与满意度呈显著正相关。[②]我国教育信息化领导力的研究对象大多指向关注校长自身，但仍有研究者从其他主体的角度加以

---

① Erden H，Erden A. 2007. Teachers' Perception in Relation to Principles' Technology Leadership: 5 Primary School Cases in Turkish Republic of Northern Cyprus. http://files.eric.ed.gov/fulltext/ED500091.pdf. [2015-11-12].

② 蔡东钟，黄晓筠. 2011. 小学教师对校长信息化领导力表现观点之调查研究——以台东县为例. 教学科技与媒体，（12）：2-15.

探讨。其中，李文宏和肖贝认为，对于校长信息化领导力的评价不仅表现在校长自身的能力上，也体现在校长的能力与决策对师生生存发展等各方面要求的满足程度方面，他们以师生的视角审视校长信息化领导力的现状与不足，从利益相关者的角度探讨了校长信息化领导力的完善与提升策略。①

第三节 教育信息化领导力研究方法的比较分析

科学的研究方法是教育信息化领导力研究顺利开展的保证。整体而言，目前国内外教育信息化领导力研究领域中，通过实证方式得出关系结论的研究只存在于少数主题。国外相关研究也证实了该结论。

肯塔基大学Richardson等以NETS·A（2009）中的5个维度为分析框架，对ERIC数据库中1997—2010年有关校长信息化领导力的文献进行了分析，认为虽然各维度均有文献涉及，但大多是简单的描述性研究。②新加坡学者Tan运用扎根理论的方法从12项教育信息化领导力的实证研究中总结学校管理者的信息化领导力的重要作用主要体现在 4 个方面：基础设施建设、组织结构和政策创立、指导教学活动和校园文化变革，总结了学校管理者信息化领导力和其他因素之间的关系（图2-2），并基于分析结论为未来的研究提出了相关建议：多采用量化实证的研究方法；教育信息化领导力要有自己独有的特征而不是从教育领导力演化而来的；研究视角要从校长个人转向领导层群体。③

虽然相关领域的量化研究整体上较少，但从研究主题来看除了对现状的调查之外，还将校长及学校管理者信息化领导力置于更大的教育环境中进行分析。在校长信息化领导力与其他因素之间的关系方面，其效能关系主要包括校

① 李文宏，肖贝. 2009. 基于信息反馈的校长信息化领导力培养方式研究. 中国教育信息化·基础教育，（12）：34-37.

② Richardson J W，Flora K L，Lewis W D. 2012. NETS·A scholarship：A review of published literature. Journal of Research on Technology in Education，45（2）：131-151.

③ Tan S C. 2010. Technology leadership：Lessons from empirical research. Paper presented at the Australasian Society for Computers in Learning in Tertiary Education（ASCILITE）Conference. Sydney，Australia：891-895. http://hdl.handle.net/10497/13600. [2020-11-21].

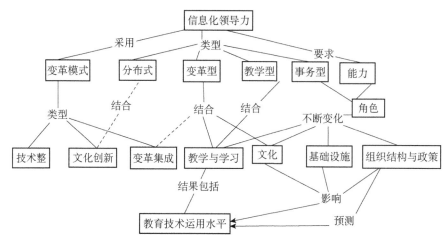

图2-2　学校管理者信息化领导力和其他因素之间的关系

长信息化领导力水平与学校信息技术（包括教师、学生）使用水平之间的关系、学校管理者信息化领导力与学业成绩和教学质量之间的关系、学校管理者信息化领导力策略与学校管理有效性之间的关系等。相比之下，国内校长信息化领导力研究多以理论思辨性的研究为主，大部分量化研究属于各类主体的教育信息化领导力现状调查研究，研究方法以问卷调查为主。

第四节　教育信息化领导力研究现状的可视化分析

随着教育信息化建设的不断推进，校长信息化领导力越来越受到人们的重视，本书通过收集中国知网关于教育信息化领导力或是教育技术领导力的相关论文，运用可视化知识图谱软件 CiteSpace 对发文作者、发文机构、研究热点及发展趋势进行可视化分析，得出研究热点主要围绕3个主题（教育信息化领导力本身的研究、基于不同视角对教育信息化领导力的研究和教育信息化领导力的实证研究）；研究发展趋势为研究内容逐渐微观化和理论探索延伸基础教育课程，以期为教育信息化领导力的研究提供借鉴意义。

在海量的文献数据中快速把握某一领域中最重要、关键的信息，并且理清其发展脉络掌握未来走向，对每个科学工作者从事研究是很重要的。本书通过 CiteSpace 对教育信息化领导力领域的相关文献进行统计分析并可视化呈现，有助于读者对该领域的研究现状有大致的了解，对把握其发展趋势起到一定的辅助作用。信息化社会的来临对教育提出了挑战，实现教育信息化是教育系统走向现代化教学的必经之路，校长在推进教育信息化过程中起着不可估量的作用，校长信息化领导力作为教育信息化研究的一个主要命题迫切需要关注。

一、我国教育信息化领导力研究的基本概况

在信息化社会及时把握时代动态不断提升信息化领导力水平才能取得持续的成功。这需要一种长远的眼光。本书通过对教育信息化领导力的研究工具、文献年度分布、发文作者、发文机构进行分析，简要地介绍我国教育信息化领导力的基本情况。

（一）数据来源及数据处理分析工具

本书以中国知网 CNKI 为数据来源库，通过高级检索"主题"中含有关键词"信息化领导力"或者"技术领导力"的期刊论文（两关键词属于同一概念），检索时间范围为 2006—2020 年，时间跨度为 15 年，数据截止日期为 2020 年 12 月 7 日。检索结果为 473 篇，剔除不相关论文如报告、新闻、宣言、征文启事、企业管理等文章，最终锁定 207 篇论文，将其下载并导入 CiteSpace 中进行数据处理与分析。

本书采用的统计工具 CiteSpace 由陈超美教授开发，使用 Java 语言编写的 Information Visualiaztion-CiteSpace 信息可视化软件。通过将下载数据导入其中经过格式转换之后，可对该领域的发文作者、发文机构及研究热点进行可视化分析，还可通过关键词时区分布图分析信息化领导力的发展趋势。

（二）文献年度分布情况

对 207 篇文献的年度分布情况进行可视化处理（图 2-3）。在图中做出了一条发展趋势线（Excel 自动生成），可看出我国教育信息化领导力近十一年来的

研究总体热度一直处于上升状态（统计数据截止日期为 2020 年 12 月，预计 2020 年最终发文量会高于 2019 年发文量）。由图 2-3 可看出，2006 年，信息化领导力的研究尚属起步阶段，同年，教育部教育信息管理中心等机构对当时中小学信息化建设进行了统计，结果显示信息化环境的建设取得了一定的成效，但是在信息化应用方面却出现了"技术效应的不应期"现象，也就是说，投入了大量的人力与物力却没有达到预期的效果。同年，全国教育科学调查研究"十一五"规划将"校长教育信息化领导能力调查研究"作为教育技术领域的一个重点，所以之后有关教育信息化领导力的研究逐年增多，并在 2010 年达到顶峰。[①]经查阅，2009 年在国家拉动内需的宏观政策与投入下，中国教育信息化借风借力，进一步得到发展，同时互联网协议第 6 版（Internet Protocol Version 6，IPv6）大规模试用、校园无线被提上日程、高性能计算中心加快建设，举办中国教育信息化领导力高峰论坛，使得人们对教育信息化领导力也愈加关注。《中共中央关于全面深化改革若干重大问题的决定》对教育领域提出了"深化教育领域综合改革"的总体要求，明确提出"构建利用信息化手段扩大优质教育资源覆盖面的有效机制，逐步缩小区域、城乡、校际差距"的具体要求。本书认为，国家方面对教育信息化的重视使学者对信息化领导力的关注度有所回升是其中的一个重要因素。总体看来，我国对教育信息化领导力领域的研究热度整体趋势乐观、良好。

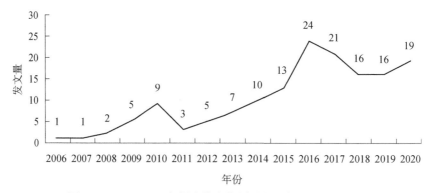

图 2-3　2006—2020 年国内信息化领导力研究文献年度分布

① 董艳，黄月，孙月亚，等. 2015. 校长信息化教学领导力的内涵与结构. 现代远程教育研究，(5): 55-62.

（三）发文作者分析

对教育信息化领导力研究领域发文作者进行可视化的分析，有利于把握研究有哪些专家学者在关注该领域以及这些专家学者所处的教育层次。表2-5为发文量前6名的学者（第9名后发文量均小于3篇），其中对其发文量和文章总被引频次进行了统计，文章总被引频次为作者在该领域发文被引频次之和。

表2-5　2006—2020年发文量排名前6位统计

作者	总发文量	总被引频次
孙祯祥	14	332
赵磊磊	11	99
王玥	7	26
李运福	5	21
赵慧臣	5	24
伍海燕	3	22

核心作者分析是依据文献计量学中普莱斯定律 $M=0.749\times\sqrt{N_{max}}$ 计算得来。其中，N_{max} 代表某领域发文量最高的作者的发文数，M 代表核心作者临界值，若一位作者发文数大于 M，则该作者就是核心作者。由表2-4可知，浙江师范大学孙祯祥关于信息化领导力发文量最高为14篇，通过带入公式得出 $M\approx$ 2.80，取整后即 $M\approx3$。经统计关于信息化领导力发文量大于3篇的有6位作者，其总发文量共计45篇，占总数207篇的22.7%，孙祯祥一人的发文量占核心作者发文总数的31.1%。由此可初步看出，信息化领导力领域形成了以孙祯祥、赵磊磊等多名专家为代表的核心作者圈。

一篇文章具有很高的被引频次，无疑是衡量该文被学术共同体认可的程度，是衡量一篇文章质量与影响力的重要指标之一。若一篇文章的被引频次高，说明其在某领域的相关研究中产生了重要的影响力和关注度，也可以侧面反映出论文作者在该领域中的学术情况。表2-5统计了高产核心作者总发文数和总被引频次。这也可以在一定程度上反映出这些作者的学术成果被学术共同体的认可程度。其中，孙祯祥教授的总被引频次为332，位列第一，其研究的主要关键词有校长信息化领导力、教师信息化领导力、内涵、构成、模型、标准、评价、对策等。

图 2-4 为发文作者知识图谱，每个节点代表一位作者，节点越大即发文量越多，不同节点之间的连线代表作者之间存在合作关系，共同合作发表过论文。其中，孙祯祥教授所占节点最大，即其发文量最多，同时与刘小翠、翁家隆、唐文华等存在合作关系。经统计，共有作者 151 人，其中单独发文作者有41 人，占总数的 27.2%，存在有合作关系的作者有 110 人，占总数的 72.8%，说明信息化领导力领域作者之间的合作关系还是很密切的，存在一些凝聚力相对比较高的学术团体。

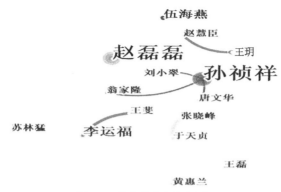

图 2-4 发文作者知识图谱

（四）发文机构分析

经过文献统计发现，论文作者有的包括一级单位和二级部门，有的却只有一级单位。为了统计需要，我们只保留了一级单位名称（表 2-6）。一级单位中发文量大于 2 篇的研究机构共 10 所。其中，信息化领导力发文最多的研究机构是华东师范大学，发文量 14 篇，其余依次为浙江广厦建设职业技术学院 5 篇，温州大学成人教育学院 3 篇，广州航海学院图书馆等 2 篇。分析发文机构发现，中小学也有关于教育信息化领导力的发文，例如湖北黄石市马家嘴小学、山东省淄博市周村区王村中学、陕西省渭南市瑞泉中学等，由此可以看出有多个层次的教育工作者对信息化领导力均进行了研究。从研究机构的分布地域来看，排名前 10 的研究机构多分布于社会经济发展较好的地区，例如上海、北京、浙江等地。教育信息化领导力的研究与地域有着千丝万缕的关系，地区经济发展水平越高，其教育信息化水平越高，对校长、教师的信息化领导力水平的要求也会越高。

表 2-6　2006—2020 年机构发文量统计

一级单位	发文量/篇
华东师范大学	14
浙江广厦建设职业技术学院	5
温州大学成人教育学院	3
广州航海学院图书馆	2
陕西师范大学	2
浙江师范大学	2
河南大学	2
西北大学	2
西北师范大学	2
上海师范大学	2

二、我国教育信息化领导力的关键词知识图谱分析

关键词可以说是从一篇文章中高度提取出来的精华，能够代表文章要说明的主要内容与思想，所以关键词与研究热点之间存在有千丝万缕的关系。人们据一篇文章的关键词，可以了解领域研究主题的发展方向或热点所在，某个关键词的频率越高，说明此关键词为研究热点之一。运用 CiteSpace 对文献的关键词进行分析，得出表 2-7 排名前 15 的关键词统计表以及图 2-5 关键词知识图谱，其中图 2-5 中 $n=34$，$E=37$，即存在 34 个节点，说明存在 34 个关键词，节点之间的连线代表两关键词同时出现在同一篇文章共有 71 条，并且连线越粗，说明共同出现的次数越多；网络密度为 0.066；模块化值为 0.6397，网络模块化值越大说明聚类效果越好；同质性平均值为 0.5181，数值越接近 1 说明聚类的同质性越高。对 34 个关键词进行统计分析，根据普莱斯定律得出关键词 $M=7$，超过 7 次的关键词有 9 个，占总数的 12.68%。根据表 2-7 和图 2-5 可看出，出现频次最高的关键词有信息化领导力、教育信息化、领导力、校长、校长信息化领导力、中小学校长、提升策略、教师信息化领导力等。这些高频关键词一定程度上说明教育信息化领导力领域的研究热点所在。

本书根据表2-6总结教育信息化领导力的研究热点主要围绕3个主题，分别是教育信息化领导力本身的研究、基于不同视角对教育信息化领导力的研究和教育信息化领导力的实证研究。

表 2-7 2006—2020年高频关键词统计

排名	关键词	频次	排名	关键词	频次
1	信息化领导力	84	11	中小学	5
2	教育信息化	32	11	教育信息化2.0	5
3	领导力	28	13	学校信息化领导力	4
4	校长	26	13	教师领导力	4
5	校长信息化领导力	22	15	教学领导力	3
6	中小学校长	11	16	学校管理团队信息化领导力	2
6	提升策略	11	16	教师信息化教学领导力	2
8	教师信息化领导力	11	16	校长领导力	2
9	信息技术	7	16	课程领导力	2
10	信息化	6	16	教育技术领导力	2

图2-5 关键词知识图谱

（一）教育信息化领导力本身的研究

对教育信息化（技术）领导力本身的研究主要包括对其内涵、结构、构建、模型、范式等方面的研究。有关教育信息化（技术）领导力内涵的阐述有很多，在此列出具有代表性的观点。王佑镁等认为，校长信息化领导力是个体信息素养特质驱动团体实现教育信息化的过程，并且认为其5个维度主要体现在信息技术意识与态度、信息技术知识与技能、信息技术整合与应用、信息技术规划与评估及信息伦理与规范。[①] 这五个维度主要对校长个人信息素养方面提出明确要求，而对被领导者方面的具体要求涉及较少。刘向永提出了技术领导力的 5 项内涵：愿景、计划与管理，人员发展与训练，科技与基础设施支持，评价与研究，人际关系与沟通技巧；并且每一维度均有具体的技术领导力指标，在如何提高技术领导力提出了具体可行的方法，尤其是对校长个人的人际沟通技巧单独设置了一个维度，以彰显其重要性，校长与上下级有良好的人际关系对推进学校教育信息化具有重要的作用。[②] 黄荣怀和胡永斌从学校建设的角度提出了学校信息化领导力的概念，认为主要包括信息时代的学校领导力和学校信息化建设的执行力两方面。[③] 孙祯祥结合国内的实际状况，总结学校信息化领导力构成的 5 个方面，即学校信息化系统的规划与建设、人力资源建设、教学与管理、经验与总结和校园文化建设，并且提出了校长信息化领导力的发展模型。[④] 中国科学院领导力课题组从工业文明领导力理论切入，又通过人类文明 3 种领导力范式的比较，指出信息化领导力范式是建构在创新法则、协同法则和个性化法则基础之上的理论体系，是一个以被领导者为中心、突破组织范畴全球协同的、创新主导的、人人都是领导者的领导力体系。[⑤] 可见，当前对教育信息化领导力本身的研究趋于成熟，但是教育信息化领导力其他方面的研究还有待深入。

（二）基于不同视角对教育信息化领导力的研究

随着对教育信息化领导力研究的不断深入，学者开始从不同角度对教育信息化领导力进行解读。例如，谢新忠和张际平注意到当时很多学校在信息化基础设施方面投入了很多资金但是利用率很小，就这种高投入低产出的状况从系统的视角对校长信息化领导力的评价指标进行了综合评价，并提出可以从校长的信息意识与信息技术基本能力、信息化规划能力、信息化组织与规划能力、

---

① 王佑镁，杜友坚，伍海燕. 2007. 教育信息化领导力的内涵与发展. 中国教育信息化·基础教育，（12）：18-20.

② 刘向永. 2007. 校长技术领导力：内涵与结构. 中小学信息技术教育，（11）：9-11.

③ 黄荣怀，胡永斌. 2012. 信息化领导力与学校信息化建设. 开放教育研究，18（5）：11-17.

④ 孙祯祥. 2010. 校长信息化领导力的构成与模型. 现代远距离教育，（2）：3-7.

⑤ 中国科学院领导力课题组. 2010. 信息化领导力范式. 领导科学，（9）：38-40.

信息化评价能力 4 个方面进行评价。① 皇甫辉和孙祯祥从建构主义学习理念切入，提出提升校长信息化领导力的两种办法——自主学习和创建学习共同体，为如何提升校长的信息化领导力提供了新思路。② 许央琳和孙祯祥从信息共享的角度对校长信息化领导力评价指标体系进行了研究，在当今信息时代实现信息共享，对提高社会资源的领导力利用率，实现校内间、校校间、家校间、信息的互联互通，提高校长的信息化领导力具有重要作用，指出可以从校长的个人影响力构成、学校信息化保障和信息共享 3 个方面进行评价。③ 针对我国高校教育信息化建设还处于较低的水平，杨宗凯以华中师范大学为例提出促进高校提升教育信息化领导力的方法，为其他学校的教育信息化领导力的提升建设提供了借鉴方法。④ 美国在教育信息化领导力的研究处于领先水平。因此，了解、学习美国校长信息化领导力培养的方法对我国教育信息化领导力的建设具有很大的借鉴作用。王玥和赵慧臣运用内容分析法对美国中小学校长信息化领导力培养项目中的硕士学位课程进行解读后得出：根据国家信息化领导力标准，确定课程的教学目标；关注课程名称的表述方式，准确运用语言描述课程；选择多学科知识内容，增强课程之间的内在逻辑；积极促进课程的知识融合，树立实践导向的培养目标启示。⑤

（三）教育信息化领导力的实证研究

本书通过实证对教育信息化领导力的现状进行了调查，并通过分析数据提出改进策略。其中，庞敬文等对 2000 名中小学校长进行了抽样调查，分别从培训内容、培训模式及培训效果评价方法上进行了分析，提出了混合学习环境下

---

① 谢忠新，张际平. 2009. 基于系统视角的校长信息化领导力评价指标研究. 现代教育技术，19（4）：73-77.

② 皇甫辉，孙祯祥. 2012. 基于学习视角的校长信息化领导力提升. 中国教育信息化（高教职教），（10）：7-9.

③ 许央琳，孙祯祥. 2013. 基于信息共享的校长信息化领导力评价指标体系研究. 中国电化教育，（4）：40-45.

④ 杨宗凯. 2016. 提升信息化领导力，促进高校教育教学创新发展. 中国教育信息化，（13）：19-23.

⑤ 王玥，赵慧臣. 2016. 美国中小学校长信息化领导力硕士学位课程的特点与启示. 中国电化教育，（5）：33-42.

中小学校长信息化领导力的培训模型、培训实施流程和培训策略[①]，对如何进行中小学校长信息化领导力的培训提供了可借鉴的思路。颜荆京等采用问卷调查法和访谈法对幼儿园园长和幼儿园教师的信息化领导力现状进行了调查，并提出了提升园长信息化领导力的策略，分别为充分发挥非权力性影响优势、建立教育干预体系、落实"三通两平台"、重视示范园效应及注重应用和反思五个方面的策略。[②]边琦等通过对内蒙古自治区校长信息化领导力现状的调查，分析出影响校长信息化领导的因素，人口学变量的影响并不太大，而地域之间的差异和学校信息化环境基础差异的影响显著，这为提升信息化领导力相关策略的制定提供指导意义。[③]学校是教育信息化发展和应用的主要阵地，而校长作为学校的领军人物，其个人信息化领导力水平在推进学校信息化方面起到非常关键的作用，学者对国内校长信息化领导力进行的实证研究以及提出的对策对今后我国信息化领导力的建设具有重要的借鉴意义。

三、我国教育信息化领导力的发展趋势分析

我国教育信息化领导力研究关键词时区分布图主要用来显示关键词所出现的年份。同一关键词与其他年份关键词存在连线，代表该关键词在其他年份也出现过。分析出不同年份之间研究热点的变化，对于更好地把握教育信息化领导力发展趋势有一定帮助。

2006年出现了"校长信息化""校长信息化领导力"等主要关键词；2007年出现的主要关键词有"信息化领导力""教育信息化"等；2008年出现的主要关键词有"信息化""基础教育信息化"等；2009年出现的主要关键词有"中小学校长""学校管理""校长信息化领导力""技术领导力"等；2010年出现的关键词有 "决策力""教师信息化专业发展领导力"等；2011年出现的关

① 庞敬文，高琳琳，唐烨伟，等. 2016. 混合学习环境下中小学校长信息化领导力培训对策研究. 中国电化教育，37（6）：20-26.

② 颜荆京，汪基德，蔡建东. 2015. 幼儿园园长信息化领导力现状与提高策略. 学前教育研究，（10）：41-49.

③ 边琦，田振清，王俊萍，等. 2016. 中小学校长信息化领导力的现状与对策分析——以内蒙古地区为例. 中国电化教育，（8）：102-106.

键词有"信息化建设""中小学校长""教师教学领导力"等；2012 年出现的主要关键词有"校长""学校信息化领导力""农村中小学校长""学校信息化环境"等；2013 年出现主要关键词有"信息化环境""小学校长""教师信息化领导力"等；2014 年出现的主要关键词有"教师信息化教学领导力""学校变革""信息化领导力模型"等；2015 年出现的主要关键词有"学校信息化""信息化领导力"等；2016 年出现的主要关键词有"人与技术""倾听者"等；2017 年出现的主要关键词有"信息化社会""教师""官方舆论场"等；2018 年出现的主要关键词有"信息化领导力""管理现代化"等；2019 年出现的主要关键词有"领导力"等；2020 年出现的主要关键词有"智慧校园等"。可见，最初信息化领导力领域的研究较为宏观，侧重理论的探索，后续研究与社会环境、社会角色、信息技术、管理手段的发展变化联系更密切。

第五节　我国教育信息化领导力研究的反思

本书对教育信息化领导力及与其相关的概念进行了界定，并从研究主题、研究视角、研究方法 3 个方面对教育信息化领导力进行了较为详细的比较分析。总的来讲，虽然教育信息化领导力的研究内容日益丰富，研究主题逐渐增多，但有些方面仍存在不足，主要体现在以下 3 个方面。

一、研究内容方面：有待进一步以国家标准为依据或参照

国家标准是开展教育信息化领导力调查评估、能力培养和理论建构等工作的依据。但不同国家制定的标准体现了对教育信息化领导力知识、技能的不同要求。虽然国家标准是评价依据，但并非对各项知识技能进行详细的限定。因此，教育信息化领导力研究需要以国家标准为基础来制定评价量表，为教育信息化领导力的评价提供有效工具。在校长信息化领导力评价指标的研究中，肯塔基大学 CASTLE 基于 NETS·A 设计的 PTLA 是目前应用较为广泛的基于美国国家标准的评价指标。不同地区研究者根据研究需求对其进行了调整和改编，

并应用于中小学校长信息化领导力的评价。

我国相关标准颁布时间较晚，国内较少以国家标准为依据来研究评价指标，较多的是基于已有的文献和评价模型开展相关评价研究。2014 年，教育部教师工作司印发《中小学校长信息化领导力标准（试行）》，指出要充分发挥该标准的引领和导向作用，建立中小学校长信息化领导力的培养培训质量保障体系，为实现中小学信息化发展提供制度保障；鉴于地区差异，各地教育行政部门可以依据该标准制定符合本地实际情况的实施意见。这意味着我国信息化领导力课程评价指标在国家标准层面上有了依据和参考。2019 年，《教育部关于实施全国中小学教师信息技术应用能力提升工程 2.0 的意见》印发，提出到2022 年，构建以校为本、基于课堂、应用驱动、注重创新、精准测评的教师信息素养发展新机制，基本实现"三提升一全面"的总体发展目标。其中，校长信息化领导力则位于三大能力提升主体之首，其重要性可见一斑。基于国家标准开展校长信息化领导力评价指标研究可能成为研究的重点。

二、研究主题方面：教育信息化领导力提升途径单一

在我国教育信息化领导力研究中，虽有学者探讨了国外教育信息化领导力的相关内容，但大多局限于概念界定、标准比较、模型构建等方面的国际比较。虽然近年来我国先后开展了面向校长的教育信息化主题培训，也利用网络平台进行远程培训，但就培训内容来看，以"中小学校长信息技术应用能力提升"等某一主题的培训为主，还有某些关于中小学校长"校园安全"教育管理主题的培训。然而从培训效果看，分主题进行培训可能导致校长信息化领导力培训内容分散。

三、研究视角方面：较多关注校长，亟待多元视角分析

在对教育信息化领导力的调查研究中，国内学者较多单一地调查中小学校长，而国外学者除了关注校长各能力维度水平、校长信息化领导力自我感知和自我效能水平，还从学生、教师甚至家长的角度对校长信息化领导力现状进行

调查和评价。提升校长信息化领导力的目的是促进信息化教育教学的发展，教育活动的两大主体是教师和学生，家长也是教育的直接利益相关者，因此，以学生、教师以及家长等多元角度来探讨校长信息化领导力能够拓展教育信息化领导力理论研究。

第 三 章

我国教育信息化领导力课程现状分析

在教育信息化普遍开展的背景下，教育管理部门、学者、校长等逐渐认识到信息化领导力对教育信息化发展的重要作用，并逐步展开相应的研究与实践。有研究发现，校长的信息化领导力与教师的信息技术应用能力[1]、学校的教育信息化水平[2]之间存在密切联系。近年来，我国相继举办了诸如中国教育信息化领导力高峰论坛、校长信息化领导力与数字化校园发展高峰论坛等学术研讨会，探讨了教育信息化领导力的内涵与提升途径。

目前，学校教育信息化建设大多依赖校长的组织与领导，其他群体往往进行配合与协调工作。我国教育信息化领导力的提升主要还是聚焦校长群体，信息化领导力培训是目前较为常见的提升方式。因此，本章主要针对校长信息化领导力的课程内容和应用现状进行分析，并在此基础上反思教育信息化领导力课程存在的某些问题。

第一节　我国校长信息化领导力课程的发展脉络

教育部于2013年10月启动了全国中小学教师信息技术应用能力提升工程，建立了中小学教师信息技术应用能力标准体系，建设了两期课程资源，推动全国中小学教师信息技术应用能力培训，并通过测评以评促学；于2014年启动了"教育部-中国电信中小学校长信息技术应用能力提升项目"，同年8月，第1期培训班在北京举办，引领、推动了各地该项目远程培训的实施[3]；2019年，实施全国中小学教师信息技术应用能力提升工程2.0，提出要优化培训团

① Lafont S L B. 2011. The Relationship between Principals' Technology Leadership and the Teachers' Use of Technology. Hammond: Southeastern Louisiana University.

② 王佑镁，杜友坚，伍海燕. 2007. 教育信息化领导力的内涵与发展. 中国教育信息化·基础教育，（24）：18-20.

③ 沈书生. 2014. 中小学校长信息化领导力的构建. 电化教育研究，35（12）：29-33.

队建设，创新教师培训方式方法，提高培训指导的针对性和研修资源的适用性，变革测评方式。目前，信息化领导力主题培训与项目不断完善，但信息化领导力培训仍以课程培训为主。所以，课程内容必须符合教育信息化的主题，兼顾教育信息化管理与服务的理论与实践，从而真正起到提升校长及相关人员信息化领导力的作用。

一、教育信息化领域的相关培训

最初，针对校长信息化领导力内容的培训主要涉及信息时代背景下与校长能力相关的、以某一主题为主的培训。其中，有以教育信息化理念分析与阐释为主题的培训，如汉中市校长教育信息化培训；某些以信息技术应用能力为主题的培训，如上海市嘉定区教师进修学院课程改革初中校长培训网络信息化技能培训；还有一些关于教育管理主题的培训，如中小学校长校园安全专题培训等。[①]无论是校长信息化领导的集中培训还是专题培训，都是为了提升校长的信息化领导力中某一维度的能力。虽然其培训类型、内容途径看似多样，但缺乏教育信息领导力的整体规划与统筹。

二、校长信息化领导力专题课程

2014年，"教育部-中国电信中小学校长信息技术应用能力提升项目"启动，培训课程以主题方式进行。项目共设置了8个主题，每个培训主题设若干必修课与选修课，总计90学时。其中，必修课9门（17学时），选修课36门（73学时），学员至少选修44学时并达到合格。培训课程可以分为通识课程、技术素养课程、综合课程和专题课程4种类型（图3-1）。

不同类型的课程对丰富和完善校长信息化领导能力都起到重要作用。其中，通识课程主要对校长信息化领导力标准解读、分析教育信息化发展趋势和热点、观摩学习典型案例、了解校长信息化领导力应具备的能力；在技术素养课程中，校长会接受思维导图、几何画板、交互式电子白板、平板电脑等

---

① 肖玉敏. 2008. 校长的技术领导力研究——基础教育信息化的视野. 上海：华东师范大学博士学位论文.

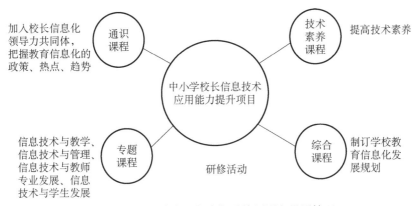

图3-1　信息技术应用能力提升培训课程设置情况

软硬件技术的培训，以及对近年来中小学教育信息化研究课题的分析；在综合课程中，校长主要学习学校信息化发展规划的思路；专题课程通过已有的成功案例，引导校长应用信息技术促进教学、管理和师生发展等相关主题的学习。

　　校长的信息技术应用能力提升培训课程虽然对增强校长信息化意识以及应用信息技术促进教育教学等方面做出了较大贡献，但是学校的整体教育信息化水平与信息技术促进教学质量提升、缩小地区教育鸿沟的社会期待水平仍存在一定的距离。

三、学校管理团队信息化领导力课程

　　这类课程依据教育部于2014年印发的《中小学校长信息化领导力标准（试行）》，将学校信息化发展规划的制订与落实作为培训主线，指导管理团队结合学校教育教学改革发展目标，形成学校信息化发展规划，推进数字校园、智慧学校建设，探索教育、教学、教研、管理、评价等领域的创新发展，并确定相应的信息化教学校本研修主题及教师培训计划。通过线上线下相结合的跟踪指导，支持管理团队落实学校信息化发展规划，组织教师信息技术应用培训，有效提升管理团队领导全校教师应用信息技术开展教学创新的能力。学校信息化发展规划与校本研修领导力提升培训如图3-2所示。

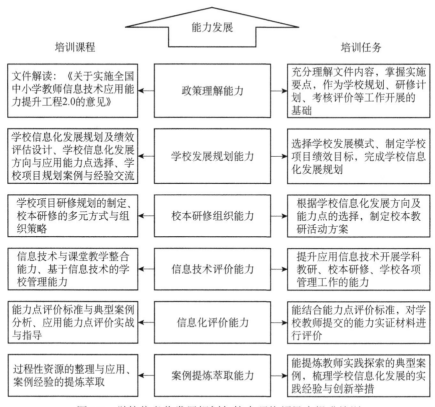

图3-2　学校信息化发展规划与校本研修领导力提升培训

2019年3月,《教育部关于实施全国中小学教师信息技术应用能力提升工程2.0的意见》印发,提出由校领导担任学校首席信息官(CIO),组建由校长领衔、学校相关管理人员构成的学校信息化管理团队,采取国家示范培训先行、各地普及推进的方式,推动面向所有学校的管理团队信息化领导力提升专项培训。该意见还提出,要打造信息化教学创新团队,引领未来教育方向。遴选部分校长和骨干教师开展引领性培训,打造学校信息化教学创新团队,支持有条件的学校主动应用互联网、大数据、虚拟现实、人工智能等现代信息技术,探索跨学科教学、智能化教育等教育教学新模式,充分利用人工智能等新技术成果助推教师教育,提升校长、教师面向未来教育发展进行教育教学创新的能力。

第二节　我国校长信息化领导力课程的应用现状

校长是学校信息化建设与发展的关键人物，其信息化领导力直接影响着学校信息化建设和应用水平。近年来，我国各地先后开展了面向校长的教育信息化课程培训，利用网络平台开展远程培训来提升校长的教育信息化领导力。除了多种形式的教育信息化领导力培训之外，自我提升成为校长信息化领导力提升的另一种方式。总的来说，校长的信息化领导力提升以课程培训为主，并辅以信息化领导力的自我提升。在关注校长信息化领导力提升的同时，也不能忽视对信息主任、教师等相关人员教育信息化能力的提升。

一、课程内容：从技能提升到整体规划

2014—2019年（信息技术应用能力提升工程1.0时代），我国已经开展了大规模的有关校长信息化领导力的主题培训。其中，规模和影响力较大的是"教育部-中国电信中小学校长信息技术应用能力提升项目"。尽管该提升项目名称中包括"信息技术应用能力"，但阅读培训手册后发现，其培训内容主要针对校长信息化领导力。培养项目采取集中培训和远程培训相结合的方式，对中小学校长进行信息技术应用能力提升培训。学习流程主要包括平台注册、课程选学、研修选做、总结交流、结业推优5个阶段（图3-3）。①平台注册：中小学校长在参与学习与培训前需要在平台进行注册，注册完毕后需要首次登录学习平台，核实个人基本信息，然后根据个人的兴趣和需要自主选择工作坊。②课程选学：校长在已选择好的工作坊里，可以根据兴趣选择一门或多门课程进行具体学习。对于所选择的课程，校长可以先查看课程计划，了解该课程计划后，再观看课程微视频进行学习，并针对课程内容发表微评论。③研修选做：对于已有经验和阅历的中小学校长来说，对所学课程进行研修是关键且必要的环节。校长可以查看培训中的研修计划，在借鉴、加工的基础上，参与主题研讨，积极寻求专家帮助，参与专家答疑环节，并与同人展开案例讨论，分享自

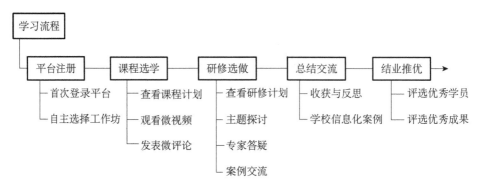

图3-3 中小学校长信息技术应用能力提升项目网络培训流程

已的见解，吸纳他人的思想，继而把握教育信息化发展新政策、新理念和新要求。④总结交流：针对所学课程和所进行的研修，校长可以总结收获并进行反思，进而创建适合所在学校的信息化建设方案和应用模式，充分发挥自己的信息化领导力。⑤结业推优：评选出优秀学员和优秀成果等，这既是对该次培训结果的检验，更是对校长信息化领导力提升成效的检验。

自2019年《教育部关于实施全国中小学教师信息技术应用能力提升工程2.0的意见》印发，信息技术应用能力提升工程进入2.0时代。教育信息化领导力培训的重点从注重中小学校长或学校管理团队的学习、掌握信息技术应用能力转向信息技术与学科知识的融合、利用信息技术促进教师专业发展，以充分利用信息技术提升教育教学质量与效果；并不单纯地考察校长信息化领导力的各维度能力的掌握情况，而是将其置于整个学校的大环境之中，考察其在真实场域内管理学校团队的综合能力。

《河南省教育厅办公室关于组织实施"省培计划"——中小学教师信息技术应用能力提升工程2.0非贫困县样板校打造项目的通知》提出，教育信息化领导力培训内容应围绕教师在教育教学中亟待解决的问题，以应用信息技术解决教育教学实际问题为目标，突出以校为本、基于课堂、应用驱动、注重创新，提升教师应用信息技术解决学情分析、教学设计、学法指导、学业评价等问题的能力；要突出应用考核，建立教师应用能力、教研组应用效果、学校应用水平考核机制，提高培训的针对性和实效性，确保参训教师信息技术应用能力大幅度提升。

二、学习方式：从个人自我提升到团队问题解决

在参与各类教育信息化能力培训时，中小学校长会根据自己的兴趣、时间、学习方式以及现实需求选择不同的方式来提升信息化领导能力，例如阅读相关领域的书籍，关注校长信息化领导力的最新报道，与其他中小学校长、学校管理人员交流心得等。此外，皇甫辉提出以构建学习共同体的方式来提升校长信息化领导力，并设计了学习共同体的基本模型和学习流程，为校长信息化领导力的自我提升提供了可借鉴的案例参考。[①] 总的来说，自我提升主要包括两种方式：一种是自我学习与提高，另一种是自我评价与完善。

在自我学习与提高的过程中，中小学校长主要通过阅读书籍、学术论文和研读政策等方式，了解校长信息化领导力的知识与相关信息；同时通过关注微博、微信等及时了解最新资讯，通过观看优秀校长信息化领导力的案例视频等来拓展能力知识，尝试使用网络工具来提升校长信息化领导能力。总的来说，在信息化领导力自我提升中，校长关注的学习内容较为广泛，但针对性不强。

在自我评价与完善的过程中，中小学校长根据自身需求进行有针对性的学习。例如，通过创建微博或博客等社交平台对日常信息技术支持下的管理、组织、规划、评估等方面工作进行总结与反思，将实际工作中的经验、体会、认识与感悟记录下来，与他人分享；通过校长电子信箱、网络论坛以及其他社交平台与师生、家长沟通，接收相关问题的反馈与建议。在此过程中，校长往往能够发现其能力结构中的优势和劣势，取长补短，为拓展信息化领导力的发展空间奠定基础。

随着培训的逐渐深入，为突出实效、切实地解决校本信息化建设的"真问题"，培训课程以问题为导向进行设计。培训课程针对网络研修与现场实践容易脱节、理论学习与校本研修容易出现"两张皮"的问题，将共同体的指导与教师线上线下研修紧密结合起来，以整体性、连贯性实施方案推进学校管理团队的课程学习。另外，培训课程基于各校基础环境的差异以及不同教师群体信

[①] 皇甫辉. 2013. 校长信息化领导力的提升——基于学习共同体设计的研究. 金华：浙江师范大学硕士学位论文.

息化教学发展需求的差异，采取集中培训、工作坊研修、校本研修等多种方式相结合的分层、分类培训。

三、学习对象：由校长到管理团队

学校的中层领导团队、基层教师也是教育信息化领导力的提升对象，无论是理论研究还是实践提升，他们的教育信息化领导力均应受到更多的关注。

信息主任和教师是目前除了校长培训之外的主要培训对象。例如，2015年，南京市学校管理者教育信息化领导力培训班①采取"校长+信息主任"，即校长信息化领导力和信息中心主任信息化执行力培训同步进行的基本模式。此类培训在对学校信息化建设现状调研的基础上，采用案例式、任务驱动式等培训方式、结合主题论坛形式，选择优秀校长代表发言并进行现场观摩学习。

为了认真学习和全面落实《教育信息化2.0行动计划》、提升河南省基础教育管理者新时代信息化领导力，2018年7月，河南省基础教育管理干部信息化领导力培训班在郑州举办。河南省各省辖市主管基础教育的教育局副局长和基础教育科科长、电教馆馆长，厅直属中小学校及全省首批80所创客教育示范校的校长160余人参加了培训。此次培训内容以知识模块为主，主要包括：①校长信息化领导力模块：教育信息化实践成果案例分析与面临的问题、提升校长信息化领导力的核心策略、推进学校教育信息化的实践路径。②信息中心主任执行力模块：理解如何贯彻学校的信息化规划，形成信息化执行力；理解如何聚焦数字化课堂，运用技术支持学生学习与教师发展；理解如何衡量学校的信息化效能。此外，还有针对教师信息化领导力的培训，如苏州举办的教师信息化领导力培训。

中小学教师信息技术应用能力提升工程2.0启动后，校长信息化领导力的实施模式已经设定为"学校校长+教务主任+学科骨干"三人行的学校信息化管理团队。各省（区、市）积极探索面向学校信息化基础较好的中小学校长和学科专业骨干教师，分别开展人工智能助推教育领导力和教育教学能力示范培

---

① 南京市电化教育馆. 关于举办2015年全市学校管理者教育信息化领导力培训班的通知. http://www.nje.cn/default.php?mod=article&do=detail&tid=756385. [2019-04-13].

训；通过迭代开发、优化升级，不断汇聚智能化教育管理与教学优秀示范案例，完善研修课程，融入最新技术内容和应用成果，形成产、学、研、培、用一体的多方协同参与机制。

四、效果考核：全方位、过程性的政府主体评价

目前，在全国实施范围较广的教育信息化领导力培训当数"国培计划"中的中小学教师信息技术应用能力提升工程2.0项目，因此，对培训效果的考核也基本参照"国培计划"坚持过程性动态管理与成果导向的标准，以期不断提升教师参训的成长感和获得感。例如，河南省开展中小学教师信息技术应用能力提升工程2.0项目的承训单位要在培训期间，向省项目执行办公室提交至少3期"工作简报"，在培训结束后30天内提交项目实施绩效自评报告、培训类精品课程资源、不低于参训教师1/10的教师成长研究案例集及有关宣传材料汇编等。在培训过程当中，实行全过程质量管理，依托河南省中小学幼儿园教师培训专家工作组，参照《河南省"国培计划"过程管理视导评价表（试行）》对项目承训单位进行过程性视导。委托第三方按照过程管理、成果考核、参训教师满意度、相关利益群体评价等方面进行绩效评价，实施全方位的绩效考核，其中就包含对课程的评价。

五、校长及学校管理团队信息化领导力培训的案例分析

本书以华东师范大学2020年在河南省承担的中小学教师信息技术应用能力提升工程2.0整体推进项目中实施项目的整体设计为例，来说明当前我国校长信息化领导力培训课程的实施方式。由于中小学教师信息技术应用能力提升工程2.0整体推进项目在整校推进的过程中分为学校管理团队和全员教师，二者研修相互促进，因此案例说明中会涉及教师信息技术能力提升的研修内容。华东师范大学2020年在河南省承担的中小学教师信息技术应用能力提升工程2.0整体推进项目中的实施项目设计如图3-4所示。

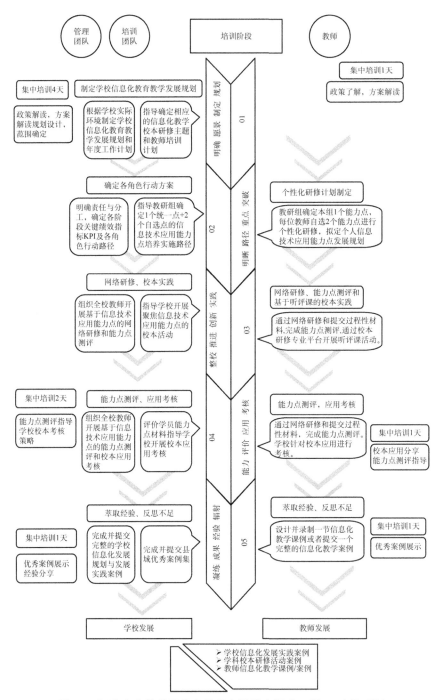

图3-4　河南中小学教师信息技术应用能力提升工程2.0实施项目
（华东师范大学，2020年）

（一）项目课程的整体设计

项目课程是问题驱动成果导向的一体化设计课程，通过在线集中研修、网络研修和校本研修相整合的方式开展培训，整个培训以学校整体规划、推进为举措，以信息技术能力点——校本应用能力提升为主要线索。培训项目还组建了由高校信息化教育专家、一线信息化管理专家、一线信息技术应用优秀教师和教研员等组成的专家团队，为项目课程提供专业支持。在每个阶段配以过程性评估，及时发现问题，进行动态干预，保证课程不偏离学校愿景设计，在专业化的指导下保证参训教师及管理团队、指导团队的能力得以提升。

（二）项目课程的实施阶段

依据不同阶段项目工作侧重不同内容，课程分为3个主题（学校信息化规划与校本研修领导力提升、信息化评价与案例萃取能力提升、项目经验交流与典型案例展评），分别在项目推进的初期、中后期、后期开展。

第一阶段，以文件解读、学校信息化发展规划、绩效评估与能力点选择、校本研修规划制定与组织实施、学校管理者信息技术的应用为主要培训内容，旨在帮助学校信息化管理团队了解工程推进的关键环节，明确学校需要完成的核心任务，围绕绩效目标规划学校信息化发展路径，有效推进学校团队组建、校本研修、教学组织、绩效考评等工作的开展。

第二阶段，在项目中后期信息化评价阶段开展，根据能力点评价标准学校管理团队进行能力点评价实战，切实提高对学校教师信息技术能力实证材料的评价能力，引导学校教师进行有针对性的学习进修，促进学校整体信息技术应用能力的提高。此外，掌握过程性资源整理应用与案例经验提炼萃取的方法，在过程中打磨具有价值的经典案例，以便作为示范，影响、辐射更多的教师及学校，生成更多的优秀案例。

第三阶段，以经验交流与案例展评为主，以整体案例展示为宗旨，展示从项目校管理指导团队、项目校学校信息化管理团队、一线教师等多层次角色的整体案例，从规划指导到实践应用，充分梳理各个环节的工作经验与取得的成果和成效，探讨学校常态化整体推进信息化应用的实践与创新。

（三）项目课程的评价考核

需要说明的是，此处课程评价考核指校长及学校管理团队完成课程任务取得培训学时需要接受的评价考核，与前文所述的教育行政部门对承训单位的课程的考核不可混为一谈。其包含以下几个维度：学校信息化发展规划、学校管理制度与保障措施、组织教师课例实践、抽查校本应用考核、研修成效。每个维度都占一定的权重。

学校信息化发展规划：①学校信息化发展规划符合校情，能够有效促进学校的关键绩效提升；②教师发展项目符合教师专业发展需求，并有效支持学校信息化特色发展规划，根据学校信息技术环境，选择合适的能力范围。

学校管理制度与保障措施：①校长负责制，建立组织管理制度及校本研修推进机制；②制定有效的校本研修推进评价激励与奖惩办法。

组织教师课例实践：①聚焦信息化创新教学关键问题，组织开展好课研磨与优秀课例展评活动，将听课评课纳入学校整体教研活动体系；②开展信息化创新教学课堂展示与课例研讨与交流活动，50%的教师借助平台至少上1次公开课，听课评课3次；③组织开展优秀课例评选活动，至少评选出5%的教师优秀课例。

抽查校本应用考核：抽查5%的学校学员校本应用考核资料，查看评价的真实性和客观性。

研修成效：①定期将成果与成效进行梳理、总结，及时在平台上展示，并积极参与成果分享与交流；②教师校本应用考核通过率不得低于95%；③完成不少于3期的简报，体现出校本研修的真实问题与真实成效；④有效达成了校本研修规划的预期目标，执行并精心落实研修规划，整个过程受到教师的普遍认可。

第三节　教育信息化领导力课程存在的问题

为促进校长教育信息化领导力提升，以教育信息化领导力提升为主题的培训在全国不断开展。教育信息化领导力培训课程的形式趋于多样化，其内容趋于多元化。尽管相关培训在一定程度上促进了校长及其他相关人员的信息化领导力，但在学习方式、应用范围、课程内容、课程目标和后期课程等方面仍然存在一些问题。

一、课程学习较为单一，多为自学和培训

目前，我国教育信息化领导提升途径一般有自学和培训两种可供选择的方式，但这两种方式都存在一定的弊端。在自学方式中，校长虽然可以根据自己的时间、知识基础、认知方式等自由地安排学习时间、内容，但由于自学往往是单独进行的，与他人交流的机会较少，常常存在难以将所学到的知识和技能有效地应用于实际的教育信息化建设中等问题。培训方式中，以课程培训为主，课程的好坏、课程安排是否恰当等问题会直接影响校长的学习结果。此外，校长跟随课程学习系统知识，虽然与他人交流的机会明显增多，但是难以满足个性化学习和差异化发展的需求，难以支持校长教育信息化领导力结合学校实际发挥其应有的作用。

二、线下课程受训名额受限，培训辐射范围较小

尽管当前有关教育信息化的培训越来越多，但受地域信息接受度、资源分配等现实问题的影响，培训辐射范围也会受到限制。此外，由于培训场地、位置以及培训人员选拔标准等的限制，受训名额、受训人素质等也会不同程度地受到限制。例如，"教育部-中国电信中小学校长信息技术应用能力提升项目"通过遴选方式选拔培训对象，通过"种子"校长引领带动全国中小学校长完成工作坊研修活动，为各地培养推进学校教育信息化改革发展的带头人[①]，选拔条件较为严格。一是对校长所在学校的要求，即学校应具备基本的信息化条件，并将教育信息化列入学校发展规划的重要位置；二是对校长本人的要求，

---

① 关于实施"教育部-中国电信中小学校长信息技术应用能力提升项目"的通知. http://www.moe.gov.cn/s78/A10/tongzhi/201403/t20140307_164985.html. [2021-04-30].

包括通过信息技术提升学校整体水平的意愿强烈，并且具备基本网络操作能力，年龄不超过50岁等；三是受训比例为10%，能接受校长信息化领导力培训的中小学校长的人数较少。总的来说，对校长的教育信息化培训中，符合条件的校长占比较小，硬件条件达标的学校主要集中在经济发达地区，往往难以辐射到欠发达地区。

教育部实施中小学信息技术应用能力提升工程2.0整体推进项目后，要求实现每人5年不少于50学时的培训，其中实践/应用学时不少于50%。尽管依靠国培、省培、市培、县培、校本研修等不同类型、不同层次的培训，校长的培训机会较之前明显增多，但由于主客观等方面因素的影响，平均每位校长5年才能参加1次国家级教育信息化领导力的培训。从这个角度来看，每年教育信息化领导力培训的辐射范围依然较小。

三、课程内容不断拓展，与标准结合程度有待提升

中小学校长信息技术应用能力提升项目中以校长信息化领导力主题的培训课程较为分散，培训内容往往强调对信息技术的运用，而忽视对学校信息化发展的规划、组织、协调及其评价。此前也有学者指出这样的问题，如王芳芳对校长信息化领导力提升的案例建设研究进行了系统调查，发现信息化教学应用方面最令人不满意的是评估和监督机制的建立。在调查中，部分校长提出，"培训机构应该培训如何制定信息技术教学的评估机制""培训中应该给出多种对信息化建设的监督机制以供参考"等。[①]

2019年实施的中小学教师信息技术应用能力提升工程2.0整体推进项目，更加系统地关注校长及学校信息化管理团队在利用信息技术促进教师专业发展、改善课堂教学效果方面，将重点放在学校教育信息化规划的制定、教师信息技术应用能力校本研修、考核方案等（图3-5）。

但是，与2014年教育部制定的《中小学校长信息化领导力标准（试行）》进行比较后发现，中小学教师信息技术应用能力提升工程2.0整体推进项目在内容上与标准的结合程度上尚有待提高。例如《中小学校长信息化领导力标准

---

① 王芳芳. 2013. 提升校长信息化领导力的案例资源库建设研究. 金华：浙江师范大学硕士学位论文.

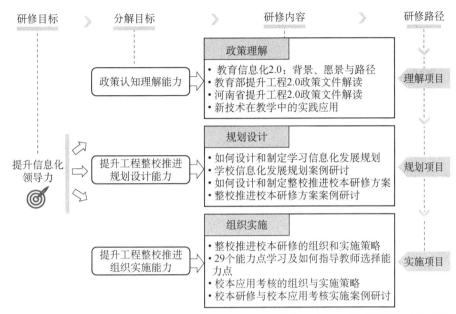

图3-5 中小学教师信息技术应用能力提升工程2.0学校信息化管理团队培训方案的设计

（试行）》评价推动维度中要求，组织评估学生的信息素养以及利用信息技术进行学习的能力，不断提高学生协作与创新水平。评估学校信息化环境建设状况及终端设备、工具平台、软件资源的使用绩效，促进软硬件资源的有效配置和利用等内容，并没有在培训课程中得到充分体现。

四、课程目标统一，未考虑校长个性化的培训需求

目前，关于校长及学校信息化管理团队教育信息化领导力的课程培训都会积极进行训前调研。训前调研通常包含 3 个主要部分：学校信息化水平、学校管理团队信息化领导力水平及培训需求、学校全体教师的信息技术应用能力。基于此，判断学校管理团队对学校信息化发展是否具有明确的目标，是否有能力根据学校实际环境制定合理的学校信息化教育教学发展规划，同时也需要调研培训参与的意愿情况，以及培训模式和评价方式的倾向等。

目前，我国东西部地区之间、城乡之间甚至是学校之间因地方政策、经济、文化等方面的差异，在学校信息化基础建设、教师信息技术应用能力、教

育信息化领导力上存在较大差距。因而，教育信息化领导力的基础水平和培训需求不完全一致。为此，中小学校长信息技术应用能力提升项目采用"以点带面"选拔信息化程度较高学校的校长进行培训，以期能够带动地区校长的共同体；中小学教师信息技术应用能力提升工程2.0中的学校管理团队培训课程也针对不同的学校信息化教学环境分类开展培训。

整体来看，虽然在培训前进行了需求分析或训前调研，但由于培训目标统一、培训评价方式固化、未考虑校长个性化的培训需求以及不同学校的信息化发展需求差异等因素，在统一的培训目标下，可能导致校长信息化领导力难以适合具体的教学改革需要。

五、训后回访力度不够，后续课程完善迭代不足

为保证教育信息化领导力培训的效果，通常情况下，承训单位完成远程培训任务后，会通过电话回访、现场指导等方式对参训学员的培训过程和学习结果进行及时的跟踪、诊断与指导，以确保当年培训项目结束后培训专家依然能够通过线上线下多种方式，参与学校信息化发展规划方案的诊断与指导，确保学校制定的教师信息化校本研修方案的科学性与可行性。此外，部分承训单位也会继续开放网络研修平台服务，培训结束后继续为学校和教师提供网络研修社区开放及平台资源，为项目校提供信息化2.0研修平台和学习资源。

但是，培训者大多从理念、资源、技能等内容单项输出的角度，去面对教育信息化领导力培训课程的学习对象，却忽视了作为学校校长或管理者的学员也是具备多年教学、管理、服务经验的高素质人才，没有通过他们的学习反馈来完善迭代培训课程。

当前的教育信息化培训大多关注培训课程本身，而很少在培训结束后对参训的校长进行回访和系统地收集这些当事人的真实感受。然而，此项工作非常重要，如果培训者对此进行梳理、总结和反思，并将其应用于培训方案完善和培训课程优化中，从而不断完善和课程内容与活动设计并将其应用到相关培训中，不仅能使校长信息化领导力培训有头有尾，而且能为其他相关培训的改进和完善提供参考。

第四节　我国教育信息化领导力课程需要借鉴国际经验

面对我国教育信息化领导力课程存在的问题，我们需要借鉴国际经验，以期为国内的相关实践提供参考。本书总结了五大方面的借鉴，不仅是对国外教育信息化领导力课程实践经验的总结，而且契合我国教育信息化领导力课程的发展需求。

一、借鉴学位培养方式，丰富信息化领导力提升途径

目前，我国校长教育信息化领导力提升以自学方式和培训方式为主，相对他国的教育信息化领导力提升培训途径和方式还较为单一。其中，设置教育信息化领导力的学位课程，以学位教育的方式培养人才，既能够满足社会、学校、教师和学生等方面对校长教育信息化领导力的期望，也可以通过学位培养来满足校长自身的发展需求。这在一定程度上拓宽了教育信息化培养途径，引导校长发挥个性化的信息化领导力，建设有特色的信息化学校。

美国教育信息化领导力项目为我国教育信息化领导力的培养与提高提供了可参考的策略与路径。美国教育信息化领导力学位招生面向全球有需求的学习者，课程构建了多层次的培养目标。例如，美国 STLI 项目在培训证书阶段，注重信息时代技术在教育中的应用、选择和规划能力的培养；在硕士学位培养阶段，课程重点放在教育管理学上，强调学校领导力与管理、信息时代学校未来的发展规划以及对教育政策等方面的理解能力；在博士学位培养阶段，旨在培养能够发现真正需要解决的研究问题、运用合理科学的研究方法独立进行研究活动的人才。

二、借鉴开放申请的入学方式，拓展课程的教学对象范围

从教学对象来看，国内教育信息化领导力的课程学习者需要通过选拔才能参与其中，选拔受个人情况、所在单位和地区名额等条件的限制。开放申请的

方式不仅能够改变国内各群体参加系统培训机会受限的状况，扩大课程教学对象的范围，还是对国内原有条件限制的尝试性突破，更是解决国内教育信息化领导力培训问题的补充方案。

此外，国内教育信息化领导力的培训只面向中小学校长的现状也能得到改变，私立教育机构、非营利性教育组织、政府工作人员、关注教育信息化领导力的教师或其他社会成员，只要满足入学要求就可以参与课程学习。这样可以改变国内教育信息化领导力培训课程教学对象范围窄、类别单一的现象。

开放性的网络授课是美国教育信息化领导力项目的主要授课方式。这虽然满足了学习者个性化学习时间需要，但也对学习者的学习自制力、交流能力等方面提出了更高的要求。美国教育信息化领导力学位课程不仅为美国本土现在或未来的学校领导者提供教育信息化领导力课程，而且其灵活的入学形式与网络授课方式更为全球有志于提升信息化领导力的群体参与提升项目提供了机会和可能。

三、借鉴课程体系，建立系统完善的课程内容

美国专业课程的内容选择与组织方式，为我国建立和完善课程体系提供了参考和借鉴。教育信息化领导力课程涉及诸多学科知识，不应局限在教育学学科内，而应涉及教育技术类、教育管理学类和研究方法类课程，使课程门类更加多元、课程内容更加丰富、课程体系更加完善，既应有教育政策、教学设计等教育学科课程，还须加入网络技术和计算机等学科课程，也须涉及管理、组织领导等管理学课程。当然，课程内容的设计绝不是多学科课程的简单组合，不同课程之间既应具有横向的内在联系，又应具有纵向的继承关系，从而形成多学科融合、系统、完善的课程体系。

四、借鉴教学实践活动，满足校长的工作需求

目前，国内针对教育信息化领导力的研究显示，培训课程以理论知识、座谈讨论为主，实践活动较少。因此，在课程中安排实践活动，为培养中小学校

长、管理团队、基层教师等群体综合运用教学和管理经验以及不同学科知识、技能解决实际问题的能力，学习内容来源于中小学教学、管理等日常工作面临的典型问题，同时也注重提高其批判性思维能力和反思问题能力，以便其能从实践活动中总结反思经验，进而用到所在单位的教育信息化工作中。这既有利于校长综合运用多学科知识来完善信息化领导力的知识机构，又可以引导学习者完成课程学习后尽快进入信息化规划和协调工作。

教育信息化领导力硕士学位课程旨在培养未来学校的领导者，获得学位的学习者能够为学校提供良好的知识、技术和工具以促进学校进行深层次的改革；面对产业结构的调整，能够将学校改造成信息时代的学习中心。因此，教育信息化领导力课程是面向实践的课程，虽然单独进行实践的课程在总课时数中的比例并不大，但这些技术学习的课程中也穿插实践性质的学习。其中，高峰课程（capstone course）的教学目标是培养学习者综合运用教学和管理经验以及各门学科知识、技能来解决实际问题的能力，实质上是培养学习者批判性思维能力和反思能力的实践类课程。作为美国教育信息化领导力学位教育阶段较为重要的课程，高峰课程一般被设置在课程学习的后期，这既有利于学习者综合运用多学科知识，又可以引导学习者完成学业走向工作岗位后尽快进入工作状态。

五、借鉴课程调整机制，不断完善课程设置

新兴技术与教学理念的不断涌现，使教育信息化的内涵与范畴不断变化与拓展，进而使教育信息化领导力能力框架一直处于发展状态。因此，教育信息化领导力课程设置要借鉴美国教育信息化领导力课程的调整机制：既要保持教学内容的相对稳定，也要根据信息技术发展水平、国家标准的调整、学习者需求的变化以及教育信息化领导力的相关研究结论对课程的教学内容、教学模式等方面进行完善与调整，在课程的稳定性与开放性中不断保持平衡；根据社会要求和学习者需求构建教育信息化领导力课程体系多层次的培养目标，满足学习者的不同需求；根据 NETS·A 调整学位课程设置；根据实际情况将面向本土的混合教学模式调整为面向全球的网络授课形式等。

第 四 章

美国教育信息化领导力学位课程的项目分析

　　教育信息化领导力学位课程需要培养项目为校长提供教师、资源等多方面的支持。因此，在分析美国教育信息化领导力学位课程之前，有必要对其所在的项目进行分析，以了解项目背景。本章介绍两项教育信息化领导力的提升项目并分析其主要特征，为分析学位课程提供背景资料。其中，教育信息化领导力项目是由乔治·华盛顿大学教育与人类发展学院向全球教育工作者提供在线课程，并为完成课程的学习者颁发教育信息化领导力方面的硕士学位证书和培训证书。其项目结构如图4-1所示。而STLI项目则是由美国肯塔基大学教育领导力研究院面向全球学习者提供在线培训证书和研究生学位的STLI项目。

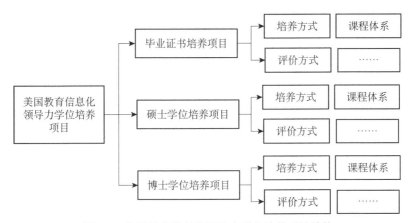

图4-1　美国教育信息化领导力学位培养项目结构

第一节　美国教育信息化领导力学位培养项目的课程体系

　　本节主要针对教育信息化领导力不同层次的培养目标来阐释课程体系。

一、教育信息化领导力项目课程体系

教育信息化领导力项目将培养层次分为教育信息化领导力培训证书和教育信息化领导力硕士学位。在教育信息化领导力培训证书中，学习者需要完成6门必修课程的学习，每门课程3学分，共18学分。课程内容涉及教育学、教育技术学和管理学等学科知识。教育信息化领导力的硕士学位项目中，学习者需要完成9门必修课程的学习，每门课程3学分，共27学分。此外，学习者还要从开设的7门选修课程中选修3门课程，每门课程3学分，共9学分。课程内容同样涉及教育学、教育技术学和管理学等学科知识[①]（表4-1）。

表4-1　教育信息化领导力项目不同培养目标的课程设置

培养目标	课程名称
培训证书 （必修18学分）	领导力与教育、教育政策、教育媒体与技术应用、教育硬件系统、计算机管理应用、学习技术与组织
硕士学位 （必修27学分、 选修9学分）	必修： ① 教育类课程：定量研究概论、教育政策、教学设计 ② 教育技术类课程：教育媒体与技术应用、计算机教育应用与人类发展、教育硬件系统、多媒体资源开发 ③ 管理类课程：领导力与教育、计算机管理应用 选修： ① 教育类课程：远程教育核心问题、教学需求分析、先进教学设计 ② 教育技术类课程：计算机学习界面设计、基于技术的有效培训设计 ③ 管理类课程：电子专业档案开发、学习技术与组织

二、学校信息化领导力项目课程体系

从学分总数来看，学校信息化领导力项目硕士学位项目比培训证书项目要多一倍。从课程设置来看，培训证书层次的课程在硕士学位项目中均有开设。这为培训证书的学习者申请硕士学位的课程学习进行学分转换提供了便利。教育信息化领导力培训证书的课程设置更倾向教育信息化的实践应用，除了领导力与教育、教育政策2门理论性质的课程之外，其余4门课程均是对信息化教学环境中的具体问题进行探讨。教育信息化领导力硕士学位课程的内容范围则

---

① The ETL Masters Degree. https://gsehd.gwu.edu/programs/masters-educational-technology-leadership. [2015-02-03].

更为广泛，除了基本理论和教育信息化技能之外，还增加了定量研究概论、计算机教育应用与人类发展作为必修课。这体现了教育信息化领导力项目在硕士学位中有更高的培养目标：不仅要为学校校长的信息化领导力提升提供知识、技术和工具，而且要让校长具备一定的研究能力，以便为未来学校深层次改革奠定基础。

从培养层次来看，学校信息化领导力项目的培养目标分为三个层次：培训证书、硕士学位和博士学位。在培训证书的培养层次中，学习者必须完成5门必修课程，每门课程3学分，共15学分。在硕士学位培养层次中，学习者必须完成33学分，每门课程3学分，共11门课程。其中包括21学分的核心课程（包括12学分教育管理类的必修课和6学分的教育技术类的选修课）、12学分的专业强化课程。这些专业强化课程也是培训证书的必修课程。完成33学分的学习者不仅可以获得学校信息化领导力的硕士学位，还可以获得学校信息化领导力的培训证书。

在博士学位培养层次中，学习者必须完成42个学分的课程，每门课程3个学分，共计14门课程。其中包括30分的必修课程（包括15学分的管理类课程和15学分的研究类课程）和12学分的专业课程。学习者需要从培训证书提升项目中必修的5门课程中任选4门。学习者如果将5门课程中剩余的1门课程也完成，不仅获得博士学位，还可以获得培训证书。[①]

学校信息化领导力项目不同培养目标的课程设置情况如表4-2所示。

表 4-2　学校信息化领导力项目不同培养目标的课程设置情况

培养目标		课程名称
培训证书	必修课程（15学分）	学校信息化领导力、数字时代的学习与信息化领导力、学校提升计划、信息化领导力与学校提升、面向数字公民的学校信息化领导力
硕士学位	核心课程（21学分）	教育管理类必修（15学分）：学校领导力与管理、学校领导力实务（I、II、III）、学校领导力——社区关系、学校计划提升、学校领导力的问题解决
		教育技术类选修（6学分）：基于数字游戏的学习与教学、知识管理与教学、教育技术领导力、教学设计、协调辅助技术教育项目、动机与学习
	专业强化课程（12学分）	学校信息化领导力、数字时代的学习与信息化领导力、信息化领导力与学校提升、面向数字公民的学校信息化领导力

---

① School Technology Leadership. https://education.uky.edu/edl/graduate-certificates/. [2015-02-03].

续表

培养目标		课程名称
博士学位	必修课程 （30学分）	教育管理类（15学分）：领导者的知识基础、教育机构的领导力、教育机构的领导力2、领导组织变革、教育领导政策
		研究类（15学分）：调查的基础、先进的定性方法课程、先进的定量方法课程、先进的定性与定量研究方法课程、教育管理与监督研究
	专业课程 （12学分）	学校信息化领导力、数字时代的学习与信息化领导力、学校提升计划、信息化领导力与学校提升、面向数字公民的学校信息化领导力

从课程分类来看，培训证书层次的课程设置是以 NETS·A（2009）的 5 个维度为基础设置的 5 门必修课程，课程设置指向实际应用；硕士学位培养层次将课程分为核心课程和专业强化课程两大类型。其中，核心课程包含教育管理的必修课程和教育技术学的选修课程，专业强化课程与培训证书阶段的必修课程一致。博士学位培养层次的课程除了设置教育管理类的必修课和基于 NETS·A 的专业选修课外，还设置了研究类型的课程来培养学习者的研究能力。

从学分数量来看，培养层次越高，所需完成的学分越多。硕士学位和博士学位的课程均在培训证书课程的基础上，按照不同的培养目标扩展课程内容。硕士学位的核心课程在设置较多教育管理类课程的同时，也设置了可供学习者选修的教育技术类课程，引导学习者不仅成为信息化的领导者，也对基于技术的教与学有更深刻的认识与理解。再丰富多元的课程也难以囊括所有知识，所以向学习者传授学习和研究的方法就尤为重要。为此，博士学位的课程将研究类课程设为必修课程且学分较多，重视向学习者传授研究的技能与方法，希望培养学习者在实际教育环境中独立研究的能力，使其具备在学习、教学和管理工作中面对实际问题时能通过研究探索解决问题的方法的能力。

第二节　美国教育信息化领导力学位培养项目的入学要求

美国教育信息化领导力学位培养项目对生源是有一定要求的。本节将针对教育信息化领导力项目、学校信息化领导力项目的要求进行详细分析。

一、教育信息化领导力项目入学要求

教育信息化领导力项目采取网络申请入学的形式。申请者需要提交个人申请，陈述自己的情况、申请理由等，并且需要提交推荐信、学历证明、在校成绩单。不同的培养层次对申请者的在校成绩、研究生入学考试和国际申请者的英语水平有不同要求（表4-3）。

表 4-3　教育信息化领导力项目的申请要求

培养阶段	需要提交材料
培训证书申请要求	① 个人提交申请，并且提交两封推荐信 ② 无论是否被授予学位，教育机构均需出具官方成绩单，为能够进入研究生项目，学士学位需要通过高等院校认证 ③ 大学成绩平均绩点 2.75 以上 ④ 国际申请者还需提交 TOEFL 成绩 ⑤ 具备基本的计算机操作技能
硕士学位申请要求	① 个人提交申请，并且提交两封推荐信 ② 无论是否被授予学位，教育机构均需出具官方成绩单，为能够进入研究生项目，学士学位需要通过高等院校认证 ③ 大学成绩平均绩点 2.75 以上 ④ 通过美国研究生入学考试（Graduate Record Examination，GRE）R5246 以上或者米勒类推测验（Miller Analogies Test）1047 以上 ⑤ 国际申请者还需提交 TOEFL 成绩 ⑥ 具备基本的计算机操作技能

除了对在校成绩、英语水平等的硬性要求外，教育信息化领导力项目对申请者的计算机操作能力也提出了基本要求，包括能够进行计算机的基本操作、具备上网的相关技能、能够解决计算机出现的一般问题等。教育信息化领导力项目虽然为学习者在学习时间和学习地点等方面提供了极大便利，但要求学习者及时完成课程学习和作业，并参与项目课程的在线学习活动，每周要安排固定的在线学习时间。该项目明确提出：学习者要具有良好的交流技巧和习惯、良好的自觉性、良好的目标取向、良好的组织技巧、动机等。这些要求也被视为远程网络教育成功的必备要素。[①]

培训证书的申请者可以在任何学期开始学习 ETL 项目硕士学位的学习，但

---

① 　The ETL Masters Degree. https://www.gwu.edu/~etl/applicants/degree.htm. [2015-02-03].

必须在第二学期开始之前获得ETL项目认可。这意味着申请者开始项目学习大约4周后需要向管理办公室提交申请材料。参加ETL项目培训证书学习的学习者如果要继续硕士学位课程的学习，可以进行学分转换，但前提是必须在所学课程中获得B及以上的分数。所有学分转换的申请必须提交ETL项目教师办公室审核，申请者在ETL项目中学分转换不得超过12学分。

二、学校信息化领导力项目入学要求

学校信息化领导力项目采取网络申请入学的形式。申请者需要提交个人申请，陈述自己的基本情况、申请理由等内容，并且需要提交推荐信、学历证明、在校成绩单。不同的培养层次对申请者的在校成绩、研究生入学考试和国际申请者的英语水平均有不同要求（表4-4）。

表 4-4　学校信息化领导力项目的申请要求

培养阶段	具体要求列表
培训证书	① 提交个人申请、4封推荐信 ② 上传高等教育期间成绩单 ③ TOEFL成绩550（纸考）、213（机考）或79（网考） ④ 最低雅思成绩6.5
硕士学位	① 提交个人申请、4封推荐信 ② 上传大学期间成绩单，大学成绩平均绩点2.75以上 ③ GRE分数没有分数限制 ④ 托福成绩550（纸考）、213（机考）或79（网考） ⑤ 最低雅思成绩6.5
博士学位	① 提交个人申请、4封推荐信 ② 上传大学期间成绩单大学成绩平均绩点2.75以上，研究生阶段成绩平均绩点3.0以上 ③ GRE分数要求：文学460（老GRE）151（新GRE）和百分制4.9；数学：640（老GRE）151（新GRE）和百分制48；分析写作4.0或百分制的49 ④ 托福成绩550（纸考）、213（机考）或79（网考） ⑤ 最低雅思成绩6.5

除了对在校成绩、英语水平等做出硬性要求之外，学校信息化领导力项目对申请者的计算机操作能力也提出基本要求：能够进行计算机的基本操作，具备上网的相关技能，能够解决计算机出现的一般问题等。除了完成每周课程材料的学习之外，学习者还要参与项目课程的在线学习活动。学习者想要获得学

位或证书，每周均要安排固定的在线学习时间①。

　　培训证书、硕士学位和博士学位的申请要求会逐渐提高。例如，申请培训证书的学习者只需要提交高等教育期间的成绩单，不对平均绩点做要求，而申请硕士学位要求大学成绩平均绩点达到2.75以上，申请博士学位还需要研究生阶段成绩平均绩点达到3.0以上。此外，学校信息化领导力项目对研究生的入学考试成绩也做出了详细要求。

第三节　美国教育信息化领导力学位培养项目的培养目标

　　美国教育信息化领导力学位培养项目各有特色。本节结合肯塔基大学信息化领导力学位培养项目的实际，分析教育信息化领导力项目、学校信息化领导力项目的培养目标。

一、教育信息化领导力项目的培养目标

　　教育信息化领导力项目是旨在为基础教育与高等教育机构、公司、组织、协会、政府以及基金会等机构的领导者提供运用教育技术改进教与学能力的创新性项目。其为美国乃至全球的学校领导者提供教育信息化领导力课程，并通过学术活动丰富专业知识、提高在实践中运用教育技术的能力。该项目坚持三大信念：①领导能力和技术能力是在教育环境中适当并成功运用技术的基础；②尽管师生受异地、个人生活和学习方式不同以及日常活动范围等限制，但中小学校长获取信息化领导力知识的途径应该是普遍易行的；③教育技术专注于改善绩效和学习。

　　教育信息化领导力项目为学习者提供培训证书和硕士学位两种可选择的培养目标。培训证书能证明完成课程学习者接受了专业的信息化领导课程学习；

①　School Technology Leadership. https://leadership.uky.edu/programs-degrees/stl/. [2015-02-03.]

硕士学位的培养目标是为基础教育学校、高等院校、企业、组织、协会、政府机构和基金会等机构培养教育信息化领导者。培训证书和硕士学位的课程均是完全的在线课程。其中，获得培训证书需要完成18学分，获得硕士学位需要完成36学分。

教育信息化领导力研究院建于1923年，是美国最早开展教育信息化领导力项目的机构之一。该项目旨在为关注技术在教育系统中发挥作用的相关人士提供在线课程。对于想要构建教育信息化领导力的学校、地区、州和国家的教育领导者来说，这些课程无疑是最佳选择。而对于监管者、校长、地区技术协调者、媒体专家、教师和其他对中小学信息化领导力方面感兴趣的教育者来说，教育信息化领导力项目则是优质资源。

二、学校信息化领导力项目培养目标

学校信息化领导力项目构建了多层次的培养体系，以求满足不同学习者的差异化需求。学校信息化领导力项目为学习者提供了培训证书项目和学位项目，学位项目则包含硕士和博士两种学位。其中，培训证书为完成课程的学习者提供专业证书。硕士学位致力于为学校领导者提供最好的知识、技术和工具，以帮助学校进行深层次的改革；面对产业结构的调整时，能够将学校改造成信息时代的学习中心。博士学位培养以研究为基础的职业人员，颁发学校信息化领导力专业的教育学博士学位。

所有学校教育领导力的学位和培训证书均由美国肯塔基大学授予。所有参与项目学习的学习者（即使是美国其他州或者国外的学习者），均可以按照肯塔基州的收费标准支付学费。培训证书和硕士学位、博士学位均采用完全的在线课程，但不同培养目标的培养方式也有所不同。①在培训证书阶段，学习者如果能在1年内完成5门（共15学分）的在线课程，那么项目就会为学习者提供专业证书，表示他们已经完成培训证书目标。②在硕士学位培养阶段，学习者如果在2年内完成33学分，必须包括5门（共 15学分）的必修课程和2门选修课程的在线课程，除了可以获得硕士学位之外，还可以获得培训证书。这就意味着该阶段培养目标达成，培养学习者成为未来学校的领导者，毕业后更有可能对学校进行深层次的信息化教学改革。③在博士学位培养阶段，项目培养的是以研究为基础的职业人员。学习者需要参与5次夏季会议（主要包括小组会议和博士论文答辩）；上课形式以小班教学为主，每学期2门课程；周六会有在线同步会议；需要4年的时间取得学位，其中，需要2.5年完成42个学分的课程（加上2个学期最少4学分的学术演讲）。学习者成功通过开题和论文答辩后才能顺利毕业，并获得学校信息化领导力专业的教育学博士学位（表4-5）。

表 4-5　学校教育信息化领导力项目的培养目标及培养方式

培养阶段	培养目标	培养方式
培训证书	为完成课程的学习者提供专业证书	完全的在线课程；课程在1年内完成；需要完成5门课程15学分
硕士学位	培养未来学校的领导者，毕业生对学校进行深层次的改革，为学校提供最好的知识、技术和工具	完全的在线课程；课程在2年内完成；学习者除了可以获得学位证书外，还可以获得培训证书；学习者需要完成33学分，必须包括5门必修课程（共15学分）和2门选修课程
博士学位	培养以研究为基础的职业人员，颁发学校信息化领导力专业的教育学博士学位	完全的在线课程，5次夏季会议（主要包含小组会议和博士论文答辩）；与肯塔基州当地的学习者一同教学；小班教学，每学期2门课程；周六会有在线同步会议（基于美国东部时区）；学习者需要四年的时间取得学位，其中完成课程需要2.5年；42学分课程（加上2个学期最少4学分的学术演讲）；多选修1门课程，学习者除了博士学位外，将获得培训证书。学习者成功通过开题和论文答辩，才能毕业

注：2019年7月1日起，取消了推荐信要求。

学校信息化领导力项目采用随到随时入学申请的制度。任何项目均在春季和秋季开学两次。培养课程的设置均是按照国际公认的面向管理者的NETS·A。所有项目的学习者均有机会接受世界一流教师的指导。

第四节　美国教育信息化领导力学位培养项目的主要特点

美国较早地开展了对教育信息化领导力的研究，并且在人才培养方面进行了有益探索。分析美国教育信息化领导力的培养方式，总结其在培养目标、入学形式、课程设置以及支持条件方面的特点，可以为完善我国教育信息化领导力课程提供借鉴。

一、多层次的培养目标，满足学习者个性化选择

在培养对象方面，教育信息化领导力项目并没有太过严格的限制。教育信息化领导力项目认为，项目最为理想的学习者是那些在学校或其他教育机构中已经担任领导职务、没有接受过正规的教育技术学习、渴望建构教育信息化环境的领导者。此外，学校或地区的技术支持、协调人员以及任课教师均是潜在的学习者。

美国教育信息化领导力项目构建了多层次的培养目标，实现不同培养阶段的错位发展，充分发挥不同学历层次的职业目标。其中，在培训证书的培养阶段，注重信息技术对教育教学的促进作用；在硕士学位培养阶段，注重学校的信息化环境下的整体规划与组织变革；在博士学位培养阶段，注重培养学习者在信息化教学环境下基于实践开展科学研究的能力。

教育信息化领导力项目多层次的培养方式对培养专业人才具有积极意义。多层次培养有助于学习者根据各自不同的教育背景与学习基础、社会经历与工作经验、学习目的与需求、学习精力与意愿等情况做出个别化的选择。[①] 例如，有的学习者希望从课程中获得教育环境中实际应用的知识和技能，或者希望未来在领导岗位施展教育信息化领导能力而选择培训证书或者硕士学位项目；有的学习者则希望未来从事教育信息化领导力相关领域的学术研究而选择攻读博士学位。

二、培养参照国际标准，构建世界一流师资队伍

在课程设置方面，美国教育信息化领导力项目基于标准，却又不局限于标

---

① 张秀娟，丁兴富，岳敏，等.2010. 国外远程教育专业人才培养层次与培养目标的初步比较研究. 中国远程教育（综合版），（9）：22-25.

准。为满足 NETS・A（2009）中富有远见的领导、数字时代的学习文化、卓越的专业实践、系统改进、数字公民 5 个方面的要求，美国教育信息化领导力项目的课程设置和培养目标基于国际公认的 NETS・A（2009）。但美国教育信息化领导力项目的培养目标不仅仅是使学习者达到标准要求，其课程设置既参照国际标准进行规划，又高于国际标准进行实施。

在师资队伍方面，纵观世界一流大学的高水平学科，大多拥有标志性的学术大师以及一批世界一流的专家学者。美国教育信息化领导力项目的专家团队中，不仅核心教师由 3 位专家组成，而且多数课程由世界一流教师主讲。此外，参与项目的学习者还有机会与教育领导力研究院的其他教授和来自全世界的多位教育技术领导者进行深度交流。该项目希望为全球致力于教育信息化领导力的学习者提供教育信息化领导力课程的学习机会，使其能够通过优质在线课程、学术活动，增长知识，提高在实践中运用教育信息化领导力的能力。

三、多学科交叉的课程群设置

在美国，跨学科课程被认为是拓宽研究生教育、促使学习者适应当前社会需要的重要学习手段。[①] 美国教育信息化领导力项目不仅开设教育学学科课程，而且开设教育技术类、教育管理学类和研究方法类课程，课程门类更加多元，课程内容更加丰富，课程体系较为完善；既有教育政策、教学设计等教育学科课程，还加入了网络技术和计算机与教育结合的课程，同时也注重开设管理、组织领导等教育管理类课程。

美国教育信息化领导力项目涉及诸多学科知识，然而课程内容的设置并不是多学科课程的简单组合。相较于传统的教育类、教育技术类和管理类的课程，该项目中的各类课程之间既具有横向的内在联系，又具有纵向的继承关系。从各类课程之间的横向关系来看，提升项目各类课程以信息化领导力为中心，围绕信息化教学环境展开，打破了原有学科课程体系的结构和学科间的界限。从不同类型课程之间的纵向联系来看，必修课之间、选修课之间、必修课与选修课之间，课程内容不断深化和扩展，以满足不同学习者的学习需求。

---

① 还伟. 2006. 我国研究生教育全面收费问题探讨. 理工高教研究, 25（6）: 52-54.

美国教育信息化领导力项目对课程体系进行了整合规划，对具体课程的教学内容进行了删减和整合，通过跨学科的课程体系对不同学科的知识进行融合，使学习者在日后面对复杂问题时能够对其进行综合考虑与系统解决。

四、灵活的入学形式与网络授课方式

美国教育信息化领导力项目分春、秋两季招生，学习者可以在任意学期开始学习，并且采取随来随审随通知的办法。申请方式采用网络申请，并且项目招生对所有国家的申请者开放。满足条件的学习者均可参加项目的课程学习，完成学分后能够取得相应的证书或学位。

网络授课是美国教育信息化领导力项目主要的授课方式。这虽然满足了学习者希望解决工学矛盾的需求，但也使学习者的自我学习的驱动力、学习策略等方面面临新的挑战。他们在每周相对固定的时间参与网上小组讨论、获得在线学习支持。为了使学习者获得更好的学习体验和学习效果，项目还要求攻读博士学位的学习者参加多次夏季会议等学术交流活动。

美国教育信息化领导力项目不仅为当地的在职的学校领导者提供教育信息化领导力课程，而且欢迎有志于从事教育信息化相关工作的人群加入课程学习。其灵活的入学形式与网络授课方式，为更大范围行业的人群与项目提供了机会和可能。

第 五 章

美国教育信息化领导力
硕士学位课程概述

　　美国教育信息化领导力学位教育项目包含培训证书、硕士学位、博士学位不同培养阶段的课程。本章之所以选择硕士学位课程，而不选择培训证书或者博士学位课程，主要有两方面原因。一方面，出于现实需求和培养课程的侧重点，我国需要提高教育信息化领导力的群体通常已经取得或正在攻读硕士或博士学位，培训证书对他们来说吸引力不大。硕士学位课程强调运用知识与能力解决教育信息化过程中遇到的复杂问题，博士学位课程较注重研究能力的培养。因此相对而言，教育信息化领导力硕士学位课程对我国更具有借鉴意义。另一方面，出于样本选取的考虑，虽然美国多层次培养体系已经基本形成，但并不是所有学校都开设了这三类课程，而大部分学校开设了硕士学位课程。

　　为更好地分析美国教育信息化领导力学位课程的特点，本书选取以教育信息化领导力为教学主题的12所大学提供的硕士学位课程作为样本来源（表5-1）。由于网络授课是美国教育信息化领导力硕士学位课程主要授课形式，学位课程的名称、学时要求、课程结构以及描述等资料可以从12所大学的网站上获取。此外，我们也通过邮件方式对其中的2所大学的课程设计者进行了访谈，以进一步了解课程的目标、内容以及教学方法等相关内容。

表5-1　美国提供教育信息化领导力硕士学位课程的12所大学

序号	大学名称	课程网址
1	得克萨斯农工大学 Texas A &M University	http://catalog.tamuc.edu/grad/colleges-and-departments/education-human-services/higher-education-and-learning-technologies/educational-technology/?_ga=2.12607479.1191963180.1621776658-1977054904.1621776658
2	肯塔基大学 University of Kentucky	https://leadership.uky.edu/programs-degrees/stl/
3	德锐大学 DeVry university	https://www.devry.edu/degree-programs/liberal-arts-sciences/educational-technology-leadership-certificate-careers.html
4	乔治·华盛顿大学 George Washington University	https://gsehd.gwu.edu/programs/masters-educational-technology-leadership
5	麦克尼斯州立大学 McNeese State University	https://catalog.mcneese.edu/preview_program.php?catoid=6&poid=652&returnto=190

续表

序号	大学名称	课程网址
6	尼古拉斯州立大学 Nicholls State University	https://www.nicholls.edu/education-graduate/files/2010/08/EDTL-flyer-.pdf
7	拉玛尔大学 Lamar University	https://www.lamar.edu/catalog/degrees-and-programs/degree-course-requirements/ed/me-ed-tech-leadership.html
8	道林大学 Dowling College	https://www.dowling.edu/mastersedtechdescription/
9	路易斯安那大学门罗分校 University of Louisiana at Monroe	https://www.ulm.edu/gradschool/me_edtl.html
10	韦伯斯特大学 Webster University	https://www.webster.edu/catalog/current/graduate-catalog/degrees/educational-leadership-and-administration.html#.YKpigcic7nU
11	北佛罗里达大学 University of North Florida	https://www.unf.edu/coehs/lscsm/leadership/Technology_Program.aspx
12	阿兹塞太平洋大学 Azusa Pacific University	https://www.apu.edu/education/programs/doctor-in-educational-leadership/

　　鉴于社会、学校对信息化领导人才的需求，美国多所大学开设了教育信息化领导力学位教育项目。其中，既有美国顶尖大学（如乔治·华盛顿大学、德锐大学等），也有普通的州立大学（如尼古拉斯州立大学等），还有在美国享有盛誉的远程教育机构。对美国教育信息化领导力硕士学位课程的研究主要采用内容分析法，通过系统地分析美国教育信息化领导力硕士学位课程相关材料，来归纳美国教育信息化领导力硕士学位课程的特点。

　　美国教育信息化领导力硕士学位课程研究中，数据分析主要包含 5 个阶段：①确定每门教育信息化领导力培养项目课程所需学分；②统计课程名称限定的学科范围，并将其归入教育技术、教育学或其他非特定学科的课程等 4 个类别中；③基于课程名称所指的学习内容，对课程类型进行分类；④主要使用频率计数和百分比进行分类汇总；⑤分析不同教育信息化领导力学位课程的特点。

第一节　美国教育信息化领导力硕士学位课程学分要求

　　美国大学所提供教育信息化领导力学位课程遵循由必修课程、选修课程以及毕业论文构成的课程结构传统，并结合学分、学年等维度来进行课程设置，但不同学校展现出的课程设置关注点不同。这种差异首先体现在培养项目对学分的要求不尽相同。学分主要由必修学分和选修学分组成，但也有些学校的课程全部要求必修。美国12所大学提供的教育信息化领导力硕士学位课程学分要求如表5-2所示。

表 5-2　美国教育信息化领导力硕士学位课程的学分要求

课程总学分	学校名称	学校数量/所
30	得克萨斯农工大学	1
33	肯塔基大学	1
36	德锐大学、乔治·华盛顿大学、麦克尼斯州立大学、尼古拉斯州立大学、拉玛尔大学、道林大学、路易斯安那大学门罗分校	7
38	韦伯斯特大学	1
39	北佛罗里达大学	1
45	阿兹塞太平洋大学	1

美国教育信息化领导力硕士学位教育课程学分要求达到30—45学分。其中，7所学校的课程学分要求是36学分。必修课程的学分大多要求达到24—29学分，在课程体系中占重要部分。其中，阿兹塞太平洋大学的学分要求最多，共45学分；得克萨斯农工大学的学分要求最少，共30学分。两所学校课程设置的差异如表5-3所示。

表 5-3　阿兹塞太平洋大学和得克萨斯农工大学的课程设置

大学	课程设置
阿兹塞太平洋大学	领导力概论（Leadership Induction） 研究与领导力（Research and Leadership） 教育领导力基础（Cornerstones of Educational Leadership） 教育领导力与转变（Educational Leadership and Change） 教育领导力政策（Policy and Politics of Educational Leadership） 领导力的法律文化（Leadership in a Legal Culture） 领导力的绩效评价（Leadership Performance Assessment） 技术的发展趋势（Emerging Trends in Technology） 技术支持课程的资源管理（Managing Tech-Supported Curricular Tools） 学习环境的数字图像（Digital Imagery for Learning Environments）
得克萨斯农工大学	计算机教育应用概论（Introduction to Educational Computing） 学习与技术（Learning and Technology） 教学媒体与技术的应用（Applying Instructional Media and Technology） Web2.0的教学传播（Web2.0 for Instructional Delivery） 媒体技术项目管理（Administration of Media Technology Programs） 研究方法（Research Methodologies） 其他研究生水平的课程12 学分Semester Hours of Graduate-Level Courses to be Selected in consultation with advisor.（most or all on-line depending upon specialization）

课时最多的学校与课时最少的学校在课程内容上也不一致。这种情况并不像国内多数学校以几门核心课程为主要教学内容，而是不同学校各自制定教育信息化领导力硕士学位课程体系，相互之间没有达成一致，学校根据自身情况开设，与选修课程一样。

通过对比学校教育信息化领导力硕士学位课程及学分设置情况发现，不同学校在课程安排方面具有较大差异。其中，部分学校的课程设计主要依据教学目标和任课教师的知识体系。例如，在对乔治·华盛顿大学的一位教师的访谈中，他这样回答："课程设置是根据教师的知识基础和工作市场的需求制定的，学生可以以任意顺序学习课程，课程之间是没有特定序列的。"

此外，部分学校则根据NETS·A内容设计课程。例如，在对肯塔基大学的一位教师的访谈中，他这样回复："课程设置是基NETS·A（2002）制定的，所以从概念上讲课程之间是这样一种关系：课程1是愿景，课程2是数字时代的学习，课程3是专业发展，课程4是数据，课程5是法律和道德。"

第二节　美国教育信息化领导力硕士学位课程的名称与描述

一、课程名称

课程名称是对课程内容的高度概括，其表述影响着课程内容的选择与组织，并且暗含课程讲授者的专业背景和学科知识。本节通过网络检索统计，截至2016年，在美国这12所学校提供的161门教育信息化领导力硕士学位课程中，课程名称存在一定的共性（表5-4）。

表5-4　美国教育信息化领导力硕士学位课程的名称描述情况

课程类型	课程名称举例	课程/门	百分比/%
一般	定量研究概论、计算机管理应用等	45	28
教育/学校/学习	教育政策、学校社区关系、视觉学习等	51	32
教育技术	教学媒体、互动教学技术、教育技术专业发展等	58	36

续表

课程类型	课程名称举例	课程/门	百分比/%
教育信息化领导力	学校信息化领导力、信息化领导力与学校提升等	7	4
合计		161	100

其中，只有4%的硕士学位课程直接使用了"教育信息化领导力"词语作为课程名称，如数字时代的学习与信息化领导力、信息化领导力与学校提升等；36%的课程名称使用与教育技术学科相关的词语，如教学媒体、网络技术在教育中应用、互动教学技术等；32%的课程则使用教育、学校或者学习等与教育学相关（不包含教育技术学）的词语表述课程的名称；而最为明显的特征是有28%的课程名称的表述，并未将其限定在教育领域内，如定量研究、行动研究和数理统计等课程。

二、课程的描述

课程描述是用较为简洁的语言对教学内容、教学方法和学习者完成学习之后能够取得怎样学习效果的解释说明，常常与课程名称一同呈现。由于课程名称需要具备简洁性和凝练性，所以课程名称不能包含太多课程信息。因此，无论是对即将进行教学的任课教师还是对即将参加课程的学习者来说，课程描述都非常重要。

例如，德锐大学相关的课程材料中不仅提供了教学大纲，课程名称及课程安排，而且在每门课程的名称下还附加解释性语言用于描述该门课程主要的学习内容、教学方法或者教学目标等。

【案例 1】教育技术整合（Educational Technology Integration）

课程描述：本课程基于案例教学，通过整合面对面教学和基于计算机教学的策略和工具以优化学生的学习经验。学习者需要设计出适用于特定的学习群体需求的学习方案。

基础课程：教育技术的教学设计（Instructional Design for Educational Technology）和教育软件的选择与运用（Educational Software Selection and Use）。

【案例 2】教育技术领导力规划（Leadership Planning in Educational Technology）

课程描述：本课程培养学生在教育社区中使用技术的领导能力和管理技能。其中，教育社区由学生、家长、同事和管理者组成。本课程通过案例研究和实践练习，提升学习者在项目管理、成本效益分析、培训和指导、个人发展和保障计划资助等方面的技能。

基础课程：学习交互系统（Interactive Learning Systems）。

第三节 美国教育信息化领导力硕士学位课程的内容

课程内容研究基于课程名称，结合课程的培养目标、教学计划和部分项目的课程描述，可将12所大学的161门课程分为 6 个类型（表5-5）。从百分比来看，"信息环境下学校的提升策略"类的课程与"管理与组织"类课程较多，分别占总课程综述的42%和16%。

表 5-5　美国教育信息化领导力硕士学位课程类型分布情况

课程类型	具体课程	百分比/%
信息环境下学校的提升策略	整体提升与规划、教育技术工具、软件的设计开发应用与评价、利用技术满足不同教学需求的方法和策略、教师专业发展等	42
管理与组织	人力资源管理、信息化管理、教学监管、基于数据决策、社区关系等	16
教育领域背景知识	21世纪美国教育现状和教育政策与法规、基本理论	13
教育领导力内涵、基础与提升	教育领导力、技术领导力等理论、基础和提升办法等	12
研究方法的理论与实践	定量研究、定性研究、行动研究、数据统计与分析等	12
项目实践	毕业论文、专业实践等	5

第一，教育信息化领导力的主要知识来源为教育技术学、管理学和教育学。信息环境下学校的提升策略是课程占比最大的类型，占课程总数的42%。该类型课程包括两方面内容：在宏观方面培养领导者信息环境下系统规划学校的能力；在微观方面，从学校信息化建设的硬件、软件、潜件和人件[1]4 个方面

---

① 黎加厚，刘成新. 1998. 走向多元化：我国计算机辅助教育和教育技术发展的新特点. 电化教育研究，(5)：4-12.

设置课程。①硬件学习，即学习信息化教学环境下所需的网络、设备、平台等基础设施基本知识；②软件学习，即学习数字化教学工具、教学软件等技能知识；③潜件学习，即学习如何应用信息技术满足不同需求的教学应用和信息技术与课程整合的方法策略；④人件学习，即学习如何促进教师信息化专业发展。

第二，教育类型课程主要为学校领导者提供21世纪教育的新思想、新理论以及美国教育政策与法规。此外，教育学的基本理论也被列入其中，讲授最多的理论性课程是教学设计。教育领导力类型的课程从教育信息化领导力内涵到提升办法均有涉及，不仅涉及校长的教育领导力、校长信息化领导力，还设置了教师领导力等内容。

第三，由于研究方法涉及社会科学的多个领域，甚至涉及计算科学等学科，因此研究方法类型的课程与其他类型的课程不同。某些学校非常注重研究方法类的课程讲授。例如，麦克尼斯州立大学的教育信息化领导力的硕士学位课程中，12门课程中有5门课程涉及研究方法等知识，包括教育研究的基础（Foundation of Educational Research）、学校领导者的研究方法与技术（Research Methods and Technology for School Leaders）、教育技术的独立研究（Independent Research in Educational Technology）和统计学（Statistics）等。

第四，实践类课程主要涉及毕业论文和专业实践，在培养项目中，高峰课程是一门对学习者进行全面评估的课程。马斯洛认为，人在经历高峰体验时能够将自己的知识与创造能力最大限度地发挥出来，同时会产生一种强烈的成就感和自我满足感。①高峰课程要求学习者整合已学到的教育信息化领导力知识，并且从知识、技能和情感态度价值观3个维度对学习者的成就进行评估，从而培养跨学科人才，并强调解决学校教育信息化问题。长久以来，大学课程不断细化，学生大多学习具有独立知识体系的课程，较少有机会在综合课程中将多学科知识综合运用，高峰课程的作用是将学习者组建成一个团队。②高峰课程要求学习者在一定时间内对教育实践和教育决策等问题进行探索，在实践

---

① 转引自安丽绍，韩建华. 2010. 美国研究型大学高峰体验课程对我国大学本科实践课程的启示. 世界教育信息，（4）：60-62.

② Moore R C. 1994. The Capstone Course. Assessing Communication Education: A Handbook for Media, Speech, and Theatre Educators. Hillsdale: Lawrence Erlbaum: 155-179.

中对掌握的理论与工具进行整合，展现对概念与方法的理解，最后提交个人报告，由教师对学习者进行评价。[①]

第四节　美国教育信息化领导力硕士学位课程的结构

美国高等教育的课程设置从来都不是整齐划一的，每个学校的学位课程各具特色，具有多样性和个性化。分析12所大学各自课程设置的结构和课程类型的比例，总结3类有代表性的教育信息化领导力硕士学位课程的结构类型（表5-6）。

表 5-6　美国教育信息化领导力硕士学位课程的结构类型

课程结构 课程类型	课程结构的示意图	课程结构的特点
分散型		该类课程将教育信息化领导能力分为具体的几个学科或领域的知识，按照学科课程知识分开教学，课程体系结构中不再出现教育信息化领导力这一复合的能力名词
中心型		该类课程将教育信息化领导力作为核心课程，辅助以教育技术学、教育学、管理学等学科领域知识作为必修课程的结构

---

① 赵爽. 2014. 美国教育领导专业博士学位课程的设置. 沈阳师范大学学报（社会科学版），38（1）：121-123.

续表

课程结构 课程类型	课程结构的示意图	课程结构的特点
融合型		该类课程将教育信息化领导力作为整体，整体内部细化为学校领导力和教育技术领导力为主要必修课程，教育技术应用能力为选修课程的结构

一、分散型课程结构将教育信息化领导力分割为各项具体技能

分散型课程结构认为，教育信息化领导力是各项单一能力相加之和，将教育信息化领导力划分为教育技术能力、管理能力、教学能力、研究能力等多项单一能力。此时，教育信息化领导力被打破、分立为各个独立存在的课程。尽管不同课程同属于教育信息化领导力培养体系，也面向共同的培养目标，但课程体系被划为多种学科课程单独教学，课程之间没有太多的交流和融合。较多学校采用该类课程结构构建课程体系。例如，德锐大学的教育信息化领导力硕士学位课程的设置12门课程，其中8门为必修课，4门为选修课，共36学分（表5-7）。

表 5-7　德锐大学教育信息化领导力硕士学位课程类型分布情况

课程	类型	课程名称
必修	教育领导力内涵、基础与提升	教育领导力（Educational Leadership） 教育技术规划（Educational Technology Planning）
	信息环境下学校的提升策略	交互教学技术1（Interactive Instructional Technology Ⅰ） 交互教学技术2（Interactive Instructional Technology Ⅱ） 教育技术与新兴媒体（Educational Technology and Emerging Media）
	研究方法的理论与实践	教育研究（Educational Research）
	教育领域背景知识	当代教育问题（Contemporary Issues in Education） 教育测量与评价（Educational Measurement and Assessment）

续表

课程	类型	课程名称
选修	教育领域背景知识	学习理论与心理学（Learning Theory and Psychology） 教育组织行为（Educational Organizational Behavior）
	管理与组织	沟通技巧（Negotiation Skills） 工作环境中的管理冲突（Managing Conflict in the Workplace） 项目管理系统（Project Management Systems）
	信息环境下学校的提升策略	信息安全原则（Principles of Information Security） 学习辅助技术（Assistive Technology for Learning）

德锐大学的教育信息化领导力硕士学位课程中，没有一门课程直接以教育信息化领导力为主题，而由管理学科、教育技术学科以及教育领导力等学科的多门课程组成。该类课程并没有因为学科知识的分散型和缺乏内在逻辑的紧密性受到批判，反而较多的培养项目采取该类课程结构来组织教学。究其原因，主要有两个方面：①与本科阶段强调基本理论知识的掌握和博士阶段强调对复杂问题的分析并进行学术研究相比，教育信息化领导力硕士学位阶段的课程注重的是各项具体技能的提高；②分学科进行多领域知识的教学可以拓展学校领导者各方面的知识与技能。相较于综合性课程来说，课程的知识体系也更为完整和清晰。

二、中心型课程结构将教育信息化领导力作为核心内容组建课程体系

在中心型课程结构中，教育信息化领导力并不像分散型课程结构那样被打破、分散成其他多个学科知识与技能，而是作为核心课程被完整地保留下来，同时也强调教育技术学、教育学、管理学等学科知识，并将它们作为必修课程。当然，其他课程知识的选择是围绕教育信息化领导力所需知识进行的。具体来说，教育技术学课程介绍新兴教育媒体或者技术趋势；教育学讲授数字时代的教育理念和21世纪学习与评价理论等；管理学讲授基于数据的决策制定等；教育信息化领导力的课程内容主要包含其基本概念、基础理论、提升办法以及综合性专业实践等。其中，韦伯斯特大学采用该类课程结构组建教育信息化领导力硕士学位课程体系（表5-8）。

表 5-8 韦伯斯特大学教育信息化领导力硕士学位课程类型分布情况

课程	类型	课程名称
必修	教育领导力内涵、基础与提升	教育信息化领导力基础（Foundations of Educational Technology Leadership）
	信息环境下学校的提升策略	技术支持学习环境设计（Design of Technology Supported Learning Environments） 可访问学习社区设计（Designing Accessible Learning Communities） 计算机网络（Computer Networks）
	管理与组织	技术项目管理（Technology Project Management） 面向教育者的项目（Programming for Educators Ⅰ） 面向教育者的项目（Programming for Educators Ⅱ） 技术环境管理（Technology Environment Management）
	研究方法的理论与实践	教育统计学（Educational Statistics） 研究设计（Research Design） 绩效档案袋（Content Performance Portfolio）
选修	信息环境下学校的提升策略	技术支持学习环境设计实践（Design of Technology Supported Learning Environments Internship） 技术项目管理实践（Technology Project Management Internship） 可访问学习社区设计实践（Designing Accessible Learning Communities Internship） 计算机信息系统（Computer Information Systems） 新型技术评价（Evaluating Emerging Technologies） 增强教学的数据建模（Modeling Data to Enhance Instruction） 数据支持决策制定（Databases for Decision Making） 系统变化理论与技术（Systemic Change Theory & Technology） 教育技术设施规划（Planning Educational Technology Facilities） 技术、道德与社会（Technology, Ethics & Society）

教育信息化领导力课程与其他课程的关系并不像分散型那样的隶属关系，而是同一层级的并列关系，共同组成了领导力学位课程体系。该类课程结构让教育领导者更为清晰地认识到教育信息化领导力不是多学科课程内容的简单相加，而是以教育信息化领导力为核心、同时紧密联系其他学科的系列能力。

三、融合型课程结构将教育信息化领导力作为融合多种知识的整体

融合型课程结构的设计者意识到分散型课程结构虽然可以使学习者分别掌握各项单项技能，但信息环境中学校发展改革的复杂问题需要其综合运用多门学科知识进行分析与解决。因此，此类教育信息化领导力硕士学位课程以信息

化领导力为中心，打破了原有学科课程体系的结构和学科间界限，必修课与选修课之间以跨学科的方式不断深化课程内容。

截至2016年，虽然12所大学中只有肯塔基大学采用融合型的课程结构来构建课程体系，但其鲜明的特点值得作为案例进行分析。在肯塔基大学的课程材料中，36个学时中必修的27个学时的课程名称均以教育信息化领导力为主题（表5-9）。

表 5-9   肯塔基大学教育信息化领导力硕士学位课程类型分布情况

类型		课程名称
必修	教育领导力内涵、基础与提升	学校信息化领导力（School Technology Leadership） 数字时代的学习与信息化领导力（Digital Age Learning and Technology Leadership） 信息化领导力与学校提升（Technology Leadership and School Improvement） 面向数字公民的学校信息化领导力（School Technology Leadership for Digital Citizenship）
	管理与组织	学校领导力与管理（Introduction to School Leadership and Administration） 学校领导力实务 Ⅰ、Ⅱ、Ⅲ（School Leadership Practicum Ⅰ，Ⅱ，Ⅲ） 学校领导力——社区关系（Leadership for Schools—Community Relations） 学校计划提升（School Program Improvement） 学校领导力的问题解决（Leadership for School Problem Solving）
选修	信息环境下学校的提升策略	基于数字游戏的学习与教学（Digital Game-Based Learning and Instruction） 知识管理与教学（Knowledge Management and Technology） 教学技术领导力（Instructional Technology Leadership） 教学设计（Instructional Design） 协调辅助技术教育项目（Coordinating Assistive Technology Education Programs） 动机与学习（Motivation and Learning）

教育信息化领导力的学位课程中，管理学、教育学、教育技术学等不同学科的知识相互融合，使每门课程是多学科知识交叉融合的产物，同时不同课程又组成了内容丰富多元、联系紧密、内在逻辑性强的课程群，从而打破课程内容的学科归属性，弱化单门课程的独立性，强化多门课程之间的亲和性，凸显它们为共同技能而相互融合的特征。[①] 此外，学习者还可以从6门教育技术类的选修课程中选取3门课程进行研修。

---

① 谢幼如，尹睿，谢虎. 2013. 精品课程群支持的专业综合改革与实践. 中国电化教育，（8）：1-7.

第五节　美国教育信息化领导力硕士学位课程的动态调整

2021年，为了解当前美国教育信息化领导力硕士学位课程动态发展的现状。本书重新检索了12所大学相关网站进行分析，12所大学课程调整方面主要表现为以下方面。

一、增加创客、STEM教育、深度学习等课程内容

通过最新的检索发现部分学校已经更新了学位课程的清单，以满足学习者最新的学习需求，其中最为明显的新增课程为创客教育和STEM[①]教育，倡导教育管理者与教师关注信息化环境下学生的实践与创新能力。这种转变与国内相关主题培训的理念与思路不谋而合，也证明我国教育信息化领导力的培训理念与设计思路也在逐渐与世界接轨。

二、部分学校硕士学位课程分设不同研究方向选修课程

随着学习者攻读学位目标的多元化，硕士学位培养项目的人才培养目标也日益多元，包括整个硕士培养项目中的各种学习经历使教师能够担任以下工作：课程专家（curriculum specialist）、部门主席或团队负责人（department chair or team leader）、教学教练（instructional coach）、同行导师（peer mentor）、技术专家（technology specialist）和变更代理（change agent）。

因此，肯塔基大学教育信息化领导力硕士学位分设3个研究方向：教学培训研究生证书（graduate certificate in instructional coaching）、深度学习领导力研究生证书（graduate certificate in leadership for deeper learning）和学校信息化

---

① STEM 是科学（science）、技术（technology）、工程（engineering）、数学（mathematics）英文首字母的缩写。

领导力研究生证书（graduate certificate in school technology leadership）。

2019年，硕士学位课程开始以必修+选修的方式进行（表5-10），学习者可以根据个人需要攻读1个或多个学位，以增大硕士学位证书的附加值。

表5-10　不同研究方向的教育信息化领导硕士学位课程表

课程类型	课程名称
必修	领先的行动研究与咨询1（Leading Action Research and Inquiry 1） 领先的行动研究与咨询2（Leading Action Research and Inquiry 2）
选修一： 教学培训研究生证书	教学培训和辅导（Instructional Coaching and Mentoring） 以下课程之一： 以学习为中心的学校领导力（Leadership in Learning Centered Schools） 领导力实习（Leadership Intership） 创造性问题解决的领导力（Leadership for Creative Problem Solving）
选修二： 深度学习领导力研究生证书	引领下一代学习（Leading for Next Generation Learning） 评估领导力（Assessment Leadership） 领先的行动研究与咨询1（Leading Action Research and Inquiry 1）
选修三： 学校信息领导力研究生证书	学校信息化领导力（School Technology Leadership） 学校规划完善领导力（Leadership for School Program Improvement） 数字公民的信息化领导力（School Technology Leadership for Digital Citizenship）

三、重视第三方机构对课程评估的排名情况

肯塔基大学在其教育信息化领导力硕士学位课程网站页面的显著位置展示了本校教育领导力研究生课程在2020年《美国新闻与世界报道》最佳在线课程排行榜中排名第17位。同时，北佛罗里达大学也在课程页面显示，教育技术、培训与发展科学硕士学位在2021年被《美国新闻与世界报道》评为最佳在线研究生教育计划的前100名。

关于2021年的"最佳在线硕士教育计划"的评估排名，本书查阅相关资料了解到《美国新闻与世界报道》对学校进行了5个类别的排名，这是在当前排名公式中查看每个类别及其权重获得的信息。

参与度（30%）：高质量的在线研究生教育项目为有抱负的教师和教育管理人员提供了与导师和同学轻松互动的机会。反过来，导师不仅可以随时接受学生的信息且反应灵敏，而且有责任帮助学生创建有益的体验，使其在合理的时间内就读并完成学位。

专家意见（20%）：对教育界高级学术官员的调查有助于解释影响项目质量的无形因素，而这些因素是统计数据无法捕获的。此外，雇主可能更加重视学术界所推崇的课程。

教师资格证书和培训（20%）：优秀的在线课程聘用的教师具有与校园课程教师相同的学历资格，并且他们有资源培训相关教师来教授远程学习者。

服务和技术（20%）：包含多样化在线学习的课程技术使学习者可以更灵活地远程上课。在课堂之外，强大的支持结构可提供与高质量的校园课程相称的学习帮助、职业指导和财务援助等资源。

优秀学生（10%）：入学的学生有资质、有抱负、有成就，他们能够应对严格的课程要求。此外，学校慎重授予的在线学位在就业市场上更具合法性。[①]

第六节　美国教育信息化领导力硕士学位课程的特点

美国教育信息化领导力硕士学位课程在课程设置、内容选择、体系构建以及与国家标准的一致程度等方面具有鲜明的特点。通过对其特点进行分析与总结，有利于我国研究者与实践者更为清晰地理解、设计和实践美国教育信息化领导力课程。

一、面向多元的学习者，形成多样化的课程内容

国家标准、教师的专业背景及知识储备成为学位课程教学内容选择的重要依据。从课程与国家标准的吻合程度来看，多所学校的硕士学位课程与NETS·A存在不同程度的吻合。其中，肯塔基大学以国家教育技术标准为依据设计课程，将NETS·A（2009）标准中的 5 个维度作为必修课程的名称。但是，教育信息化领导力学位课程的设计者并不完全关注国家标准五个维度的所有内容，而是更加关注卓越的专业实践、系统改进两个维度。另外，一些学

---

① 具体内容可访问 https://www.usnews.com/education/online-education/articles/education-methodology. [2018-07-23].

校的教育信息化领导力硕士学位课程采用其他专业标准为设计依据。例如，乔治·华盛顿大学的一位教师的访谈中提出，课程鼓励使用《21世纪标准》[①]，也会在部分课程中应用一些国际绩效改进协会的标准。

课程设计依据的多样化不仅由于学校对课程内容设计具有较强的自主性，而且因为课程的学习者既包括中小学校长，又包括教育信息化领导力涉及的其他人员。另外，采用网络授课的教学方式是美国教育信息化领导力硕士学位课程共同特征之一。这不仅满足了学习者个性化学习时间需求，更为全球有志于提升信息化领导力的教育工作者参与提升项目提供了机会和可能。一位乔治·华盛顿大学的教师在访谈中提到，"设计者并不根据标准对课程以及教学活动做太多的规划和设计，因为仅有1/3完成课程者将在基础教育领域工作，其他大部分学习者将在私立机构、非营利性组织、政府或者军队工作。因此，过多基于标准的设计可能对他们未来的工作并不适用"。

二、名称与描述相结合，便于相关人员准确了解课程

教育信息化领导力的课程不仅指向教育或教育技术，也与信息环境下领导力密切关系。只有较少课程直接以教育信息化领导能力表述课程内容，更多的是以教育学或者教育技术学科名词表述中小学校长或者教育机构的领导者等相关群体应该具备的基本知识与技能。此外，许多课程的表述没有限定在某个学科，这意味着该课程可以应用于社会科学的其他学科，课程讲授者也可是大学教育学科之外的教师，如心理学、统计学、社会学等其他学科的教师。在课程名称的表述中，有超过2/3的课程名称出现"教育""教育技术"等词语，暗示该课程所讲授的内容仍然较多来自教育领域。

对学习者来说，课程名称与课程描述相结合的做法使学习者能够对课程有初步的认识，使学习者对课程名称望文生义而产生错误理解的可能性降低。因此，如何组织语言描述课程也是值得关注的重要问题。课程表述使用能够反映教育领导者实际需求和期望获得技能的用语，更有助于他们理解课程所要讲授

---

① The Partnership for 21st Century Learning. Framework for 21st Century Learning. https//www.p21.org/storage/documents/docs/P21_Framework_Definitions_New_Logo_2015.pdf. [2015-04-13].

的内容。对课程的讲授者来说，也需要基于课程名称和课程描述对教学内容进行选择与组织，对教学活动和策略进行规划，对教学结果进行评估。[①] 课程描述的不充分、不准确和不具体均可能导致教师对课程要求的错误理解，甚至在课程内容的选择上出现偏差，难以为教育领导者提供相关的技能知识。所以，课程的管理部门要与授课教师做充分沟通，检查哪些课程描述还有待完善。

三、面向信息化领导力，形成多元化的课程结构类型

教育信息化领导力项目的课程结构可以归纳为 3 种主要课程结构类型：分散型、中心型和融合型。课程结构的组织形式虽然不同，但均具有将多学科知识进行整合的目的。多学科课程知识整合的方法是多元化的，可参考课程整合组织方式进行分类。通过分析发现，教育信息化领导力学位课程的 3 种课程结构与福格蒂提出的 10 种课程知识整合的组织方式（图5-1）中的 3 种相似。[②]

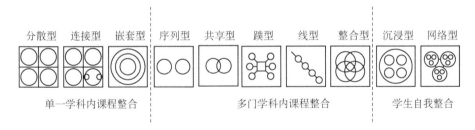

图5-1　福格蒂的 10 种整合课程组织方式

其中，分散型的课程结构与图中序列型的组织方式相似，知识单元被单独设置，相互之间并不存在联系。中心型的课程结构与图中蹼形组织方式相似，均基于某一主题，多学科知识选择与之相关的内容，并通过一定的逻辑关系与主题联系在一起。融合型的课程结构对应的是整合型的组织方式，将多门学科的知识进行交叉融合。

课程结构类型多元化，虽然课程结构没有优劣之分，但是课程体系的设计

①　Bustamante R M，Combs J P. 2011. Research courses in education leadership programs：Relevance in an era of accountability. International Journal of Education Policy & Leadership，6（3）：1-11.

②　Fogarty R. 1990. Ten ways to integrate curriculum. Educational Leadership Journal of the Department of Supervision & Curriculum Development，49（2）：61-65.

者需要根据学科知识、教学目标、任课教师等多方面进行综合考虑，选择最为合适的课程组织类型。不仅3种课程类型可供参考借鉴，其他多学科知识整合的课程组织方式也可以为课程组织形式提供参考。

四、重视实践类课程，支持校长面向实践来开展学习

教育信息化领导力硕士学位课程主要培养面向互联网时代的学校领导者，为他们提供学校信息化变革所需的知识、技术和工具，以促进学校逐渐发展成为信息时代的学习中心。

其中，正如以复杂、真实的教学管理问题为基本单元的高峰课程一样，学习者综合运用教学和管理经验以及多门学科知识、技能，来解决日后工作岗位中可能面临的问题。为了使学习者返回工作岗位后尽快进入工作状态，也为了考察学习者问题判断、知识运用和能力迁移的能力，高峰课程一般被设置在课程学习的后期。

五、重视研究类课程，支持校长应用信息技术解决问题

与实践同样受到重视的还有研究方法类的课程，教育信息化领导力硕士学位阶段的培养目标虽然不是培养具有独立探究的研究型人才，但是研究方法的学习也是必不可少的。无论课程设计者采用何种方式组织知识，都不可能在有限的课程教学中将所有知识和技能传授给学生，加之信息时代科技的迅猛发展、新兴科技层出不穷，课程内容难以涵盖学校信息化过程中需要的所有知识与技能。因此，研究方法类型的课程能够激发学习者发现问题、探究问题和独立解决问题的能力，使其根据教育信息化的实际情况，综合运用所学课程知识来形成创造性的解决方案。

第 六 章

美国教育信息化领导力硕士学位课程发展变革：以 CASTLE 项目为例

　　美国是世界上较早关注教育信息化领导力的国家，也是最早创立教育信息化领导力项目、形成完整学位培养体系的国家。与传统的培训相比，通过学位培养提升教育信息化领导力的方式具备课程内容更为完整全面、教学方法注重理论与实践的结合以及完成学习可以获得学位证书等优势。

　　无论是对教育信息化领导力人才培养的理论研究还是实践探索，肯塔基大学 CASTLE 均走在世界前列。它是于 2003 年依据国家标准创办的美国最早的教育信息化领导力培养项目，也是美国主要致力于学校管理者技术需求的学术研究中心。肯塔基大学 CASTLE 经历 10 多年的发展在美国其至全球均产生了较大的影响。目前，我国同样面临教育信息化领导力提升中培训内容、方式等不能适应培训与实践需要的问题。对美国相关实践的分析，不仅可以为我国教育信息化领导力提升提供新的思路，还可以为我国改进教育信息化领导力的培训内容、完善培训策略提供参考。

第一节　CASTLE 项目创立过程

　　虽然距美国最早的教育信息化领导力学位培养项目创办已经过去 10 多年，但是其课程设计理念、教学支持方式和项目完善策略等方面对我国教育信息化领导力的提升仍然具有指导意义。

一、项目创立的时代背景

（一）信息时代对领导者提出新的领导力要求

　　教育信息化领导力是教育领导力领域中出现的新兴领域。学校为国家培养未来需要的学生，学校领导者肩负着组织变革的重任。由于"领导者是变革的发起者，也是变革的实施者"①，学校领导者必须了解信息和通信技术（information and communications technology，ICT）的利与弊。某些研究者②和教育组织③指出，信息化领导力是信息时代领导力衍生出来的概念，是个体、团队或组织以信息技术为中介，影响与引领追随者、利益相关者实施组织变革，实现共同目标的能力④。因此，较强的信息化领导力是信息技术支持下学校改革不可或缺的元素。

（二）专业标准强调信息化领导力的价值

2002 年，美国教育管理国家政策委员会（National Policy Board for Educational Administration）制定的《面向校长、管理者、课程主管和监管者的教育领导力促进项目标准》（Standards for Advanced Programs in Educational Leadership for Principals，Superintendents，Curriculum Directors，and Supervisors）和国际教育技术协会（International Society for Technology in Education）制定的 NETS·A 均强调了与技术相关的管理职能的重要性，信息化领导力在校长专业标准中得到认可与支持。

（三）具备信息化领导能力的人才偏少

虽然具备技术素养的学校领导者的需求被广泛认可，但是此类的人才培养项目仍然很匮乏。根据校园网络协会（Consortium for School Networking）2004 年发布的调查报告显示，在中小学公立学校中，校长用于建设信息化基础设施的经费决策的差距越来越大，并且只有少部分参加过培训的管理者能够充分利

---

① 张虹. 2020. 组织变革视域下高校领导者信息化领导力模型实证研究. 电化教育研究，41（11）：48-55.

② Anderson R E，Dexter S. 2005. School technology leadership：An empirical investigation of prevalence and effect. Educational Administration Quarterly，41（1）：49-82.

③ United States Department of Education. 2015. Toward A New Golden Age in American Education：How the Internet，the Law，and Today's Students are Revolutionizing Expectations（National Education Technology Plan 2004）. http://tech.ed.gov/netp/. [2015-07-23].

④ 张虹. 2017. 高校领导者信息化领导力理论模型构建研究——以组织变革为视角. 电化教育研究，38（9）：29-34.

用技术提高他们工作的效率。^① 大学教育领导力课程要满足社会对信息化领导力人才的需求，然而现实是缺乏大量能够对教学与技术进行有效整合的专业人才。

二、教育信息化领导力前沿研究中心创立

2003 年，明尼苏达大学获得高等教育改进基金会（Fund for the Improvement of Postsecondary Education）的资金支持，创建了教育管理大学理事会教育信息化领导力前沿研究中心。^② 教育管理大学理事会（University Council for Educational Administration）作为致力于推进学校和儿童利益的教育领导者培养的高等教育机构协会，创立了一系列国家计划中心，以推进与教育领导有关问题的研究和合作。其中，教育信息化领导力前沿研究中心是美国目前主要致力于学校管理者技术需求的学术中心。

三、学校信息化领导力倡议提出

2003 年，CASTLE 创办了 STLI 项目^③。麦克劳德博士（Scott McLeod）和他的研究生理查森（Jayson Richardson）是当时项目的主要负责人。该项目致力于与公司和社会组织进行合作共同推进学校面向21世纪转变，其合作伙伴和支持者包括微软、IBM、全国学校董事会协会（National School Boards Association）、中学校长协会（National Association of Secondary School Principals）和国际教育技术协会（International Society for Technology in Education）、校园网络协会和乔治·卢卡斯教育基金会（George Lucas Educational Foundation）。CASTLE后来从明尼苏达大学搬至艾奥瓦州立大学，

---

① Consortium for School Networking. 2015. Digital Leadership Divide：Without Visionary Leadership，Disparities in School Technology Budgets Increase. https://www.grunwald.com/pdfs/CoSN-Grunwald-Public-Survey.pdf. [2015-07-23].

② Center for the Advanced Study of Technology Leadership in Education. https://www.schooltechleadership.org/. [2015-07-23].

③ UK College of Education.School Technology Leadership. https://2b.education.uky.edu/edl/school-technology-leadership/. [2015-07-23].

现位于肯塔基大学。

CASTLE现由肯塔基大学教育学院教育领导力研究系主办，主要由教育学院教育领导力研究系教师完成授课。该系还担任CASTLE教学活动的统筹工作，同时作为教育信息化领导力培养项目的学位授予单位。需要说明的是，CASTLE作为研究机构不能独立授予学位，需要由肯塔基大学和教育领导研究部门授权CASTLE进行教育信息化领导力培训证书与学位证书的授予。CASTLE主管规划培养项目愿景和日常活动，并负责教学计划的安排等工作。CASTLE在世界多地设立了多个分支机构，以便管理机构教学、科研等的具体任务。教育信息化领导力学位培养项目创立机构如图6-1所示。

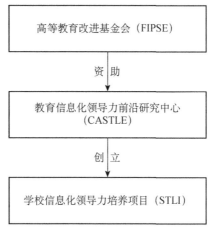

图6-1 教育信息化领导力学位培养项目创立机构

第二节 CASTLE课程的设计理念

在STLI 项目设计中，存在国家标准、混合学习模式、情景教学理论和技术整合四大理念，其关系如图6-2所示。本书将结合"促进技术与课堂融合"（Facilitating Technology Integration in the Classroom Courses）课程具体说明项目如何将国家标准、混合学习、情境教学理论和技术整合在教育信息化领导力课程中协同融合。

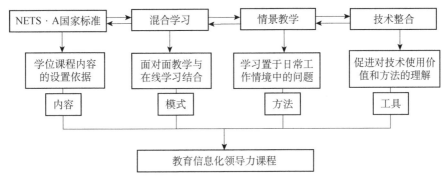

图 6-2　教育信息化领导力学位课程设计理念

一、国家标准是课程设置的依据

NETS 系列标准还被翻译成汉语、葡萄牙语和西班牙语等多种文字，在世界多地广为传播，并对世界基础教育信息化产生深远影响。[①] 在美国，中小学校逐渐把 NETS 系列标准作为教材开发和教学设计的基础。教育技术国际协会（International Society for Technology in Education，ISTE）首席执行官 Don Knezek 在分析学校管理者尤其是学校校长对教育信息化作用时指出，已经有大量证据表明信息化领导力对学校系统性变革的重要作用。

NETS·A（2002）集中体现了美国对学校领导者信息化领导力的知识、能力、规划等方面的要求。STLI 项目设置以 NETS·A 为框架以保证内容所包含的知识能够满足教育信息化领导力运用的要求。为此，教育信息化领导力学位培养项目基于 NETS·A 标准进行设计，分为 3 个主题系列：教育领导力与新兴技术、学习与传播技术、学校信息化领导者的政策与道德问题。[②]

二、混合学习是课程活动的模式

将传统面对面教学与在线学习相结合的混合学习是信息化教学中较为常见

① 秦炜炜. 2010. 《面向管理者的美国国家教育技术标准》新旧版比较研究. 开放教育研究，16（3）：181-188.

② Dikkers A G，Hughes J E，Mcleod S. 2005. A bridge to success：STLI—In that no man's land between school technology and effective leadership. The University of Minnesota's school technology leadership initiative is a welcoming bridge. T.H.E. Journal，32（11）：20-23.

的教学模式。从混合学习的理论上讲，在线学习能够弥补面对面教学的不足。混合学习的理念使教育信息化领导力的课程设计者可以根据学习者的基础水平和学习需求，采用不同的方式解决教学内容的传播问题。STLI项目可以采用不同的媒体进行教学，以弥补传统面对面教学难以满足学习者对学习时间、学习场所、学习方式等方面需求的不足，同时也符合最小代价率原则。反过来讲，面对面教学也提供在线学习较难做到的师生以及生生交互等支持。

CASTLE创办的STLI项目采用面对面和在线教学相结合的混合模式讲授课程内容。该项目向美国各州的学习者提供课程学习，将面对面的课程安排在暑期以便学习者有更充裕的时间参与课堂学习，并通过课堂互动建立人际互动的经历，有助于缓解网络学习中的孤立感，以促进学生学习。在正常的学校授课中，则较多采用在线学习的方式，以保证学习者可以正常进行学校领导职位的相关工作。总而言之，混合学习的方法能够平衡他们的日常工作和专业发展之间的关系。NETS·A（2002）标准维度与 2003 年创办的 STLI 项目的关系如表 6-1 所示。

表 6-1　NETS·A（2002）标准维度与STLI项目的关系

NETS·A（2002）	2003 年创办的STLI项目
① 领导力与愿景（leadership and vision） ② 学习与教学（learning and teaching） ③ 生产力与专业实践（productivity and professional practice） ④ 支持、管理和操作（support，management，and operations） ⑤ 评价与评估（assessment and evaluation） ⑥ 社会、法律和道德问题（social，legal，and ethical issues）	系列一：教育领导力与新兴技术（School Leadership and Emerging Technologies） 系列二：学习与传播技术（Technology for Learning and Communication） 系列三：学校信息化领导者的政策与道德问题（Policy and Ethical Issues for School Technology Leaders）

三、情景教学是课程教学的方法

如何在课程中将理论与实践结合起来一直是教育信息化领导力培养项目面临的重要问题。在教学方法方面，STLI项目从真实情景的角度设计课程所要学习的知识。情景教学方法让学习者与日常工作实践过程中出现的真实情景的课程材料进行交互、与学习共同体协作学习以及运用技术支持他们的学习，从而促进学习和知识迁移的发生。[①]

STLI项目致力于培养能够在学校、地区和其他教育组织机构中完全胜任与技术相关责任工作的人才。因此，课程设计者认为将学生置于他们日常工作的环境是非常必要的。因此，STLI项目将学校领导者的学习置于以学校为基础的信息化领导力面临的各种问题之中，在暑期面对面的教学活动中建立学校领导者学习共同体，并在实际教学活动中提供信息化领导力的必要工具。在每门课程中，学习者均会分配到一些将理论应用于实际工作的任务。教师通过学习者解决问题的表现评估学习效果，最终达到提高学习者问题解决能力和发现问题能力的目的。

STLI项目的情景教学模式具体策略如图6-3所示。

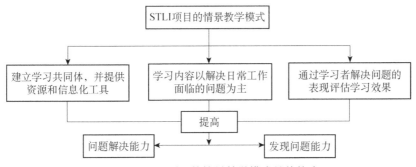

图 6-3　STLI项目的情景教学模式具体策略

四、技术整合是帮助理解的工具

技术工具是促进学校领导者理解学校与课堂中为什么使用技术和如何使用技术的重要手段。STLI项目主要运用 4 种方法：①演示技术工具如何应用或者转变的实例；②形成技术支持的教学理论模型；③形成技术支持的领导力实践模型；④帮助学习者识别在管理和运营中需要的技术工具。运用不同的技术整合策略使学习者通过接触和使用，能更好地联想在其学校系统可能的使用情景。学校的领导者通过亲身体验技术对他们工作可能产生的帮助与贡献，会更为积极地学习如何在学校或课堂中使用并整合技术。

————————
① Brown J S，Collins A，Duguid P. 1989. Situated cognition and the culture of learning. Educational Researcher，18（1）：32-42.

以促进技术与课堂融合[①]为例，具体说明4种设计理念对课程设计的影响。促进技术与课堂融合课程对应的是NETS·A标准中学习和教学的维度。在第一次面对面的课程中，学习者参与一系列技术支持的主题学习探索活动。这种探索伴随着广泛的讨论、阅读和其他活动，有助于学习者对技术整合概念的认识与界定。

探索的方式主要包括：评价技术整合的质量和数量，判断专业发展途径是否有效，阐述学习者所处机构与技术整合规划、评估和专业发展等相关的做法。课程要求学习者运用概念图等软件记录课堂讨论，如小组通过对《教育周刊》（*Education Week*）技术统计报告的阅读，并基于对该主题已有的认识，利用概念图软件整理学习者对技术整合概念的认识。

在随后的在线课程中，学习者深入研究某一评估框架，在分组讨论中与同学分享并反思在其所处机构中评估框架对促进技术有效整合的作用。另外，在异步讨论中教师采用利用PPT以线性方式阐释几种技术综合评价方法的组成部分[②]，并演示如何使用它分析技术支持的课程。然后，学习者采用教师所讲授的方法分析自己学校的课程或技术支持课程视频库中的素材[③]。

学习者还与同学进行小组讨论，就分析方法框架、有用性以及促进技术与课程整合的有利与不利条件的情境性或个别性的问题进行探讨。在课程教学期间，学习者与小组成员分享经验、比较不同学校的改革效果、确定学校改进方法等活动一直在进行。

第三节 CASTLE 课程的设计开发

为支持和促进教育信息化领导力课程教学活动，促进教育信息化领导力水

---

① Brahier B，Whiteside A，Hughes J E，et al. 2005. School technology leadership：Theory to practice. Academic Exchange Quarterly，（9）：51-55.

② Hughes J E. 2000. Teaching English with Technology：Exploring Teacher Learning and Practice. East Lansing：Michigan State University.

③ As An Example of A Repository of Video-Illustrated，Technology-Supported Lessons. https://www.intime. uni.edu. [2015-07-23].

平的提高，STLI项目不仅要依据国家标准进行课程设计，还要与其他高校、中小学机构、公司企业、协会以及社会大众等主体开展合作，以保证课程设计的科学性与有效性。

一、教育信息化领导力学位课程的设计开发

STLI项目的培养与教学的核心工作是设计和开发教育信息化领导力课程。课程设计者根据NETS·A的维度和内容要求，设计了15门课程，分为 3 个主题系列：教育领导力与新兴技术、学习与传播技术和学校信息化领导者的政策与道德问题。[①]

二、为教育领导力培养项目提供资源与支持

STLI项目不仅接待世界多地的来访学者，也向其他教育领导力课程提供与技术有关的帮助。其主要包含以下 4 种形式：与其他大学合作，免费帮助他们将信息化领导力注入其他教育领导力培养项目的课程方案；建立个人的课程和计划；编写课程案例研究；开展数据驱动的决策诊断和创建基于NETS·A的绩效评估体系。

三、向中小学领导者提供专业发展的资源与建议

从学校的小型会谈到非常大型的专题会议，项目向世界多地的中小学领导者提供专业发展的建议，并以数字化传播的方式向中小学领导者提供课程内容、项目专业发展建议、解决当前问题的资源和其他教育信息化领导力的相关信息，以促进和支持教育信息化领导力的提高。

此外，STLI项目通过出版专著指导中小学领导者的信息化专业发展。其

---

① Dikkers A G，Hughes J E，Mcleod S. 2005. A bridge to success：STLI—In that no man'sland between school technology and effective leadership.The University of Minnesota's school technology leadership initiative is a welcoming bridge. T.H.E. Journal，32（1）：20-23.

中，以《学校领导者需要了解数字技术与社交媒体》①最有代表性。该书作者认为：学校是为将来培养学生，管理者和教育者必须借助信息技术和社交媒体的力量。书中总结了关于在教育中如何使用博客、维基百科、播客、在线课程、开源课件、教育游戏、社交网络、概念图软件、移动电话及其他方面的最新信息，并列举了这些资源在学校的使用案例。作者认为，这些工具与精心设计的教学实践相结合，可以为学生、教师和管理者创造不同寻常的体验。因此，学校的领导者需要了解信息技术和社会媒体对课堂变革和教育系统的作用。

四、与公司、协会以及教育机构开展战略合作

STLI项目创立时就形成了与企业、协会和其他机构开展合作的战略方案，微软、IBM等企业能够为STLI项目提供最新的、满足特定需求的软件工具。例如，学生使用技术工具进行协作学习、视频会议、调查、评估、考核、建立思维地图、演示和运用数据库系统等活动。

此外，STLI项目与全国学校董事会协会、中学校长协会、国际教育技术协会、校园网络协会等教育机构和教育领导协会合作，共同推进课程开发及推广计划。

五、向社会大众解读教育信息化领导力的作用

STLI项目利用网络向社会大众宣传教育信息化领导力的作用。项目从2006年开始，已经在YouTube网站上发布了一系列关于学校信息化变革主题的视频，名为《你知道吗？改变正在发生》（*Did You Know? Shift Happens*）②。这是一个非常受欢迎的视频系列，截至目前视频已经发布多个版本。它讲述了信息时代技术对人类的生活方式、社交方式以及学习方式等方面影响，引发人

---

① McLeod S. 2011. What School Leaders Need to Know about Digital Technologies and Social Media. Wiley: Jossey-Bass.

② Various Versions and Source Files. https://shifthappens.wikispaces.com/versions. [2015-07-23].

们的关注与反思。此外，项目通过博客①、推特（twitter）等社交媒体，发布关于教育信息化领导力的最新文章或转载他人文章。STLI 项目在此时起到网络连接器的作用，其表达了对学校信息化现状不满，并致力于教育信息化领导力提升，将人们联系起来，进行信息交流和知识分享。STLI 项目的社会服务体系如图6-4所示。

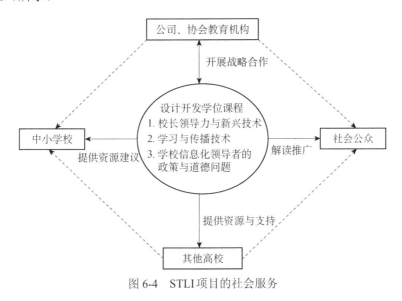

图 6-4　STLI 项目的社会服务

第四节　CASTLE 课程教学的效果

2004 年，STLI 项目对第一届教育信息化领导力培训的所有学习者在课程开始之前进行了调查，结果显示，这些学校领导者普遍意识到技术与课程整合是未来发展趋势，领导者应该重视信息技术与课堂整合，并将其作为学校议程的重要部分。他们对教育技术愿景的重点是提高学生的学习成就和教师教学质量，而不是作为技术领导者更好地促进自身的专业发展。总的来说，在 STLI 项目开始的时候，学习者关注的重点是信息技术与课堂整合的相关问题。经过一年的学习，学习者获得的技能和知识为他们成为学校信息化领导者奠定了基

---

① McLeod S. Dangerously Irrelevant. https://schooltechleadership.org/dangerously-irrelevant/. [2015-07-23].

础。通过调查，学习者对信息化领导力学位课程效果进行了反馈，包括学习者个人的改变和对他们所在机构短期或长期的影响。[①]

一、培养了学习者多元综合的信息化领导力

第一，学习 STLI 项目的学生毕业后能在学校指导和管理技术的使用，能够通过技术决策方法对学校未来如何利用技术进行规划，并为学生的学习成绩、教师能力和员工的专业发展提供支持；通过技术的有效实施来提高学校的整体效率，并且对中小学技术使用过程涉及的安全、保密、法律、道德等问题有更深的理解和认识。

第二，学习 STLI 项目的毕业生能够为技术协调员和工作人员提供指导。调查中，一位学习者认为组织中的相互作用比个体行为更重要，正在形成一种更系统的思维方式。这一想法也得到其他学生的认可，认识技术整合的作用与方法时，他们意识到组织的集体力量（而不是个别教师）起到了很大的作用。

第三，项目指导学习者如何进行专业化的学习并且在培养项目中他们的工作模式和效率发生了变化。一位参与培养项目的学习者说，他很喜欢这种集体学习的方式，这样能够获得更多的与同伴和导师一起探究问题的机会。地区技术领导者职位（被视为高级技术岗位）归功于学习者在STLI项目中获得的知识。[②]

二、支持了学习者在学校发挥信息化领导作用

STLI项目的学习者也会对所在的机构产生影响。学习者认为，课程对他们工作中的愿景规划、与家长和员工的沟通以及利用信息技术促进教师专业发展等方面产生了影响。一些学生通过STLI项目学习对所处机构产生的效益表示

---

① Dikkers A G，Hughes J E，Mcleod S. 2005. A bridge to success：STLI—In that no man's land between school technology and effective leadership.The University of Minnesota's school technology leadership initiative is a welcoming bridge. T.H.E. Journal，32（11）：20-23.

② Dikkers A G，Hughes J E，Mcleod S. 2005. A bridge to success：STLI—In that no man's land between school technology and effective leadership.The University of Minnesota's school technology leadership initiative is a welcoming bridge. T.H.E. Journal，32（11）：20-23.

满意，认为在多数情况下，通过课程学习，制定的计划和政策更容易在其所处的机构中得到推动。例如，在数据驱动的决策课程中，STLI 项目的学习者学习到基于数据制定决定的技能，学习者回到学校后会培训学校秘书相关的技巧，用于准备学校董事会报告、准备和阐述学校预算等方面。另外，还有项目学习者培训特殊教育机构人员相关技能，并开发了包含所有特殊教育学生信息的数据库，以便学校使用数据库来跟踪评估和记录通知学生的主要障碍。

第五节　CASTLE 课程的完善

STLI 项目经过不断发展，在培养体系、课程设置、教学形式和理论支持 4 个方面不断完善，形成了教育信息化领导力项目。

一、逐渐形成较为完整的学位培养体系

最初，STLI 项目仅仅为学习者提供培训证书，而现在教育信息化领导力项目则构建了多层次的培养体系，能够满足学习者的不同需求。教育信息化领导力项目为学习者提供了培训证书项目和学位（硕士和博士两种学位）项目。[①] 其中，培训证书为完成课程的学习者提供专业认证，表明学习者在更深层次的理解全球教育情况，了解计算机教学环境的领导力中包含的诸多因素，熟悉学校改革的法律和政策标准。学习者可以通过网络与来自世界多地的教育领导者交流并共同学习，在此过程中形成个人的学习网络，为日后的学习与工作奠定基础。硕士学位旨在培养未来学校的领导者。博士学位旨在培养以研究为基础的职业人员。博士学位又分为专业型学位（Executive Ed. D.）与学术型学位（Ph. D.）。教育信息化领导力专业型博士学位旨在满足那些工作繁忙没有大量时间进行专业发展的学习者需求；教育信息化领导力学术型博士学位旨在培养以研究为职业的人才（大学教师、教育研究中心、政策研究中心等），并致力

---

① 王玥，赵慧臣. 2015. 美国校长信息化领导力提升项目的特点与启示. 开放教育研究，（3）：55-64.

于教育科学尤其是教育领导力的主题研究。

二、根据国家标准调整学位课程设置

　　CASTLE创办的教育信息化领导力培养项目一直均以NETS·A为依据设置课程。课程在项目创办时以 NETS·A（2002）的 6 个维度为依据设计了 3 个主题系列的课程：教育领导力与新兴技术；学习与传播技术；学校信息化领导者的政策与道德问题。[①] STLI项目根据NETS·A（2009）标准维度变化对课程内容进行调整，并在培训证书项目的课程设置中直接以各维度标准设置课程名称（表6-2）。2015年，STLI项目又重新调整了课程设置，形成现在的课程体系。

表6-2　NETS·A（2009）标准维度与STLI项目

NETS·A（2009）	STLI项目培训证书的课程体系
富有远见的领导（visionary leadership） 数字时代的学习文化（digital age learning culture） 卓越的专业实践（excellence in professional practice） 系统改进（systemic improvement） 数字公民（digital citizenship）	教育信息化领导力（School Technology Leadership） 数字时代学习与技术领导力（Digital Age Learning and Technology Leadership） 学校项目提升（School Program Improvement） 技术领导力与学校改进（Technology Leadership and School Improvement） 面向数字公民的教育信息化领导力（School Technology Leadership for Digital Citizenship）

三、混合教学模式调整为网络授课形式

　　最初的STLI项目为鼓励全国的学习者参与课程学习，采用混合式的教学模式。首先，每年暑假期间集中在明尼苏达大学进行为期一周的面对面教学。然后，学习者在秋季和春季学期要通过在线学习获得8个学分。最后，学习者需要在接下来的暑期完成为期4天的高峰体验课程才能拿到培训证书。

　　STLI 项目为向世界多地的学习者提供课程和资源，所以培训证书项目课

---

　　① Dikkers A G，Hughes J E，Mcleod S. 2005. A bridge to success：STLI—In that no man's land between school technology and effective leadership.The University of Minnesota's school technology leadership initiative is a welcoming bridge. T.H.E. Journal，32（11）：20-23.

程采用完全的网络授课形式。例如，学习者不需要到校园中，只要在网上修完学分就可以获得肯塔基大学授予的培训证书。学习者要获得硕士或博士的学位证书，仍然需要参与 5 次暑期的学习交流活动与毕业论文答辩，但多数课程均可以在线进行学习并取得学分。

四、日益丰富的研究成果支持教学实践

在美国关于教育信息化领导力的研究较多来自 CASTLE 或者相关项目。CASTLE 等项目每年均会发表若干同行评审的研究论文，出版专著，出台政策文件以及开展其他形式的研究。

2011 年，该项目对 105 名美国中小学人力资源主管进行调查，以了解他们对领导者获得在线培训证书的接受程度。结果显示：与传统授课形式获得培训证书相比，大多数受访者认为，在线课程和在线学位对学习者要求更少，教学质量较低，难以充分培养领导者解决具体问题的能力。这种观点在农村地区更为普遍。虽然调查结果并不令人满意，但是也为项目的改进提出了建议：教育领导力专业的学生并不等于学校的管理者，要想提高网络学位的认可度，需要注重其实践能力。[①]

2012 年，肯塔基大学的 Richardson 等对 ERIC 数据库中 1997—2010 年有关教育信息化领导力的研究进行梳理，并以 NETS·A（2009）为分析框架将研究内容与标准的 5 个维度一一对应，结果显示虽然每个维度均有研究者关注，但明显缺乏深层次的研究，近 68% 的论文是简单的描述性研究，24% 的论文采用了量化分析，只有 8% 的论文采用质性研究，并且这些质性研究的内容仅仅局限于标准中数字时代的学习文化维度和卓越的专业实践两个维度。研究还发现，系统提升和数字公民是研究关注较少的维度，提出了关注标准各个维度的同时积极寻求教育信息化领导力量化或质性研究的案例的建议。[②]

2021 年，Richardson 等还将出版新书《更深度学习的领导力》（*Leadership*

---

① Richardson J W，Mcleod S，Dikkers A G. 2011. Perceptions of online credentials for school principals. Journal of Educational Administration，49（4）：378-395.

② Richardson J W，Bathon J，Flora K L，et al. 2012. NETS·A scholarship：A review of published literature. Journal of Research on Technology in Education，45（2）：131-151.

for Deeper Learning），重点介绍学校领导者如何在各自的学校环境中实施、维持和推动创新的、更深入的学习实践，并分析了来自不同国家30所学校正在进行多种深度学习的计划。

基于教育信息化领导力研究维度和研究方法的现状，肯塔基大学的STLI项目在三级培养层次均设置课程。其中，依据NETS·A（2009），在硕士学位培养阶段开设多门教育管理类和教育技术类课程；针对培养专门从事教育信息化领导力研究工作人员的博士学位课程，更是设置了调查研究、定性研究、定量研究等研究方法类课程。

第六节　CASTLE 课程的特点

教育信息化领导力前沿研究中心的课程有独特之处，可以从课程设置、推广应用、发展变化和教学支持等角度进行分析和总结。

一、多元化的课程内容设置

国家标准、混合学习、情景教学以及技术整合是教育信息化领导力前沿研究中心的课程设计理念。其中，NETS·A是美国教育信息化领导力培养项目课程设计的依据，为课程内容的选择、培养目标的制定和能力评估的执行均提供了可以参考的框架。教学模式以混合式为主，结合面对面教学与在线学习的优势，支持学习者学习。教育信息化领导力学位培养项目设立是为地区的中小学领导者提高信息化领导力设计的。考虑到校长日常工作的繁忙，项目以暑期集中授课、工作时间网络授课的混合教学形式开展教学。

从教育传播学的角度来看，以NETS·A设计课程内容解决的是教育传播的内容问题，而混合教学模式和网络教学模式解决的是教育传播的方式问题，只有传播内容与传播方式合理地结合，才能达到教育传播的目的。另外，情景教学与技术整合为教育信息化领导力的学位课程提供教学策略和技术工具，为教学内容的有效传播提供策略和媒体技术的双重保障。

二、以资源共享支持课程推广

提高教育信息化领导力水平是教育信息化领导力学位课程的主要目的。美国教育信息化领导力前沿研究中心创立的学位培养项目经过 10 多年的发展取得了较为理想的成绩，并在美国乃至全球均有较大的影响力。开放与共享的理念是支持教育信息化领导力前沿研究中心学位培养项目向其他高校的教育领导力培养项目提供资源与建议的基础：一方面，为缩小由数字鸿沟造成的中小学领导者信息化领导力的差距提供了可能；另一方面，与其他高校教育领导力培养项目开展合作，能够使项目的管理者、课程的开发者、项目的学习者认识并了解信息化领导力的重要作用。

为教育信息化领导力的提升提供开放的教育资源和免费的发展建议，不仅能够促进领导者的信息化专业发展，为教育信息化领导力学位或培训课程的设计、再生和应用注入新活力，也从实践的角度向中小学领导者展现开放共享的教育理念，为中小学校之间课程资源共建共享提供基础，使课程与教学的新形态成为可能。

三、不断调整课程设置，以适应信息化教育发展

经过多年发展学位课程的招生对象不再局限于本地区的学习者，来自世界多地的学习者均可以参与其中。此时集中的面对面教学对大多数学习者是不太适宜的。因此，项目将授课形式改为了完全的在线课程形式。CASTLE 创办的教育信息化领导力培养项目一直以 NETS·A 为依据设置课程，并根据标准维度变化对课程内容进行调整。

此外，信息时代、智能时代，新兴技术不断涌现、教学理念不断更新，教育信息化领导力的内涵与范畴不断变化与拓展。因此，教育信息化领导力硕士学位培养课程体系的设置要保持教学内容的稳定性，也要根据国家标准进行完善与调整，在课程的稳定性与开放性中保持平衡。

四、科研教学的相互支持

STLI项目不仅提供教育信息化领导力的学位课程，而且通过开展关于教育信息化领导力的学术研究、邀请世界多地的研究者和在信息化领导力方面有卓越表现的一线校长参与项目、组织相关主题的学术会议等多种方式支持教育信息化领导力的学位项目课程。其中，STLI 项目的创办机构 CASTLE 曾基于 NETS·A 设计了校长信息化领导力评价量表（Principal Technology Leadership Assessment）用于调查中小学领导者的信息化领导力水平，以确定学习者的基础水平为课程内容的设计提供现实依据，被全球的研究者广泛采用。

此外，STLI 项目调查了人力资源主管对校长在线学位证书的认可度，结果建议课程需要注重实践能力以满足用人单位要求，同时通过对已有学术成果的分析得出了需要加强研究者对教育信息化领导力的量化和质性研究的结论，为培养职业研究人员设置多门研究方法类课程提供了现实依据。另外，项目会定期邀请英国、新加坡、日本等国家对教育信息化领导力研究和实践做出突出贡献的人参与项目，并通过访谈以他们的亲身经历为项目的学习者提出建议。

第 七 章

美国教育信息化领导力评价：课程效果的体现与改进

第一节　美国教育信息化领导力评价的反思

从麻省理工学院最早开放教学资源到近年的慕课浪潮，大量的教学实践证明信息化的教学不仅需要多元的、结构化的课程群资源建设，更需要的是与之相匹配的教学评价活动。教育信息化领导力课程的实施效果及学员学习反馈不仅是学位申请者关注的重点，还关乎培训或学位项目的人才培养、绩效考评。因此，学习者课程学习效果评价标准的科学制定及合理使用是评价教育信息化领导力课程实施效果的基础，而开展标准理论研究则是标准制定及实施科学性的前提保证。

国内培训机构、高等院校在评价学员教育信息化领导力课程学习效果时，依然使用的是教育（校长）信息化领导力评价指标，依据评价指标建构所参考的依据和使用的研究方法，具体分为基于标准的评价体系、基于文献的评价体系和基于实证的评价体系 3 种类型（第二章第一节已详细说明）。相关研究对评价活动起着指导和规范的作用，但是，由于教育信息化领导力课程学习效果评价标准理论研究的缺失，该类评价指标在指导相应评价活动的同时，却忽视了自身的反思与建构，表现出评价主体、需求和维度的单一性，进而影响教育信息化领导力课程学习效果评价结果的全面性和客观性。

虽然各类教育信息化领导力评价具有各自的优势与不足，但 3 类评价标准仍然遵循共同的研究范式，即评价主体（研究者、政府教育管理部门）对评价客体（中小学校长）信息化领导力水平的客观评价。单一取向的教育信息化领导力评价往往忽视某部分人的价值需求，从而评价结果的全面性与客观性也会受到质疑。

第二节 美国教育信息化领导力评价的视角

美国教育信息化领导力课程学习效果评价标准呈现多元化趋势，知识技能考评视角、自我认知评价视角和培训绩效评估视角为我国评价教育信息化领导力课程建设提供借鉴。

一、知识技能考评视角的特点

美国教育领导力前沿研究中心构建的PTLA[①]是全球研究者较为常用的评价标准之一，广泛应用于中小学校长的信息化领导力水平调查研究，对校长信息化领导力的现状评价、能力提升等方面产生了较大影响。标准采用客观的知识技能考评视角，基于国家标准建构评价量表，并在广泛的实践中不断完善评价标准。

（一）基于国家标准的能力评价量表

校长信息化领导力评价量表[②]是基于NETS·A（2002）构建的，共设置6个能力评价维度，即领导能力与远见卓识、教与学、工作效率与专业实践、保障、管理与运作、评价与评估、社会法制与道德问题，每个维度下设置5—7道题，问题设5级程度供测试者选择，测量中小学校长信息化领导力水平。

（二）评价量表的内容设置与广泛应用

该量表由一组关于校长信息化领导力行为发生程度的陈述组成，每一陈述有"没有""很少""有时""经常""多是"5种回答。量表首先提到在评估行为和绩效时，个人评估有几种错误倾向：一是宽容错误（leniency error），即个

---

① PTLA–Principals Technology Leadership Assessment. UCEA Center for the Advanced Study of Technology Leadership in Education，University of Minnesota. https://schooltechleadership.org/. [2018-06-22].

② PTLA–Principals Technology Leadership Assessment.UCEA Center for the Advanced Study of Technology Leadership in Education，University of Minnesota. https://schooltechleadership.org/. [2018-06-22].

体在给自己评价时，给出的分数往往高于其实际应得的分数；二是自我评估中的晕轮效应（halo effect），指当个体根据自己的表现或行为对自己的总体（好或坏）印象进行评估的时候，倾向据此推论其他方面的特征；三是近期效应（recency effect），指评估者仅仅根据自己近期行为表现进行评估，而不是评估要求的某一段时间的整体表现。并告知填写者应该让自己熟悉这些错误，以期量表评价结果能够真实反映被测试者的能力现状。另外，在开始之前，量表还对技术、信息化规划、研究基础、评估这些核心关键词进行界定，帮助调查对象理解评估内容与问题。此外，量表结合会收集每个被测试者的个人信息（年龄、性别、从教时间、管理者任职时间、校长在任时间）以及任职学校的基本情况（级别、所在地）等[①]。

PTLA对测量题目、测量时间、信效度都进行了科学地设计和检验。量表共设置35道题目，预计量表测试时间在15—20分钟。PTLA量表领导力与愿景问题设置情况如表7-1所示。

表7-1　PTLA量表领导力与愿景问题设置情况[②]

问题	选项
在您所在机构或学校，您在信息化规划制定过程中的参与程度是怎样的？	
在您所在机构或学校，您在信息化规划制定和实施的过程中与利益相关者沟通、交流的程度是怎么样的？	1. 没有 2. 很少 3. 有时 4. 经常 5. 多是
您在信息化规划过程中，促进利益相关者参与其中的程度是怎样的？	
学校信息化规划与地区战略规划、学校的提升计划和其他的教学计划的一致程度怎么样？	
在学校提升计划中，您对基于研究的信息化实践活动的支持程度是怎样的？	
您参与信息技术教学运用的评价活动的程度是怎样的？	

（三）评价量表不断改进与完善

在运用量表的实际调查研究中，一些研究者基于PTLA，结合其他标准融

---

① PTLA–Principals Technology Leadership Assessment. UCEA Center for the Advanced Study of Technology Leadership in Education，University of Minnesota. https://schooltechleadership.org/. [2018-06-22].

② PTLA–Principals Technology Leadership Assessment.UCEA Center for the Advanced Study of Technology Leadership in Education，University of Minnesota. https://schooltechleadership.org/. [2018-06-22].

入新的评价维度改进了信息化领导力评价量表。例如美国学者 Davis[1]基于 PTLA 同时结合国际教育技术学会出版的《作为技术领导者的教师》[2]构建了教育信息化领导力评价量表。在 ETLA 量表中能力维度从 6 项拓展至 8 项,在每个评价指标的问题中,除了对校长信息化领导力各能力现状进行调查,还增加了对调查对象关于评价量表本身的评价,调查校长对该条指标能够测量相关的能力。评价同样采用五级标准。最后量表提供开放性的问题,用于对量表问题本身的改进与完善,具体示例如表 7-2 所示。

表 7-2 ETLA 量表问题

问题——D1.1	
在您所在机构或学校,您在信息化规划制定过程中的参与程度是怎样的?	您觉得这项问题能在多大程度上测量出这条标准所要求的能力?
• 不适用 • 一点 • 很少 • 一定程度 • 非常大 • 全部	• 一点 • 很少 • 一定程度 • 较强 • 非常强
涉及上述这一问题你有什么建议,请写在以下空白处。	

虽然 PTLA 在量表设计方面较为科学,并被广泛应用于中小学信息化领导力评价研究中,但其仍存在一些不足。例如 PTLA 各能力维度比重较为均衡,没有划分权重,使整个量表没有着重考察的重点。就教育信息化领导力而言,它是由规划、管理、教学、技术应用、评估等一系列能力构成的能力体系。每一种能力都是为促进教育信息化发展存在的,然而作为能力体系中的组成部分,并不是要求每一种能力都能够达到极高的水平。教育信息化领导力评价要根据校长在学校中扮演的角色对其涉及的一系列能力提出不同程度的掌握要求。所以在借鉴这种知识技能考评视角的评价取向时,研究者还需要以目标为导向,确定信息化领导力内涵和构成,确定各能力的比重、协调各能力之间的关系。

① Davis, Greg. The development and field test of the Education Technology Leadership Assessment survey. Ames: Iowa State University, 2008: 109-145.

② Twomey C R, Shamburg C, Zieger L B. Teachers as Technology Leaders. Eugene, OR: ISTE Publications, 2006.

二、自我认知评价视角的特点

美国信息化领导力评价中除了以客观视角评价校长能力外，还有通过校长自身对能力进行评估的标准，其中教育信息化领导者认证考试自我评估量表（Self-Assessment for the CoSN Certified Education Technology Leader Certification Exam）就是其中较为典型的代表。信息技术领导者（Certified Education Technology Leader，CELT）认证考试项目是由校园网络协会（Consortium for School Networking，CoSN）举办，由认证监督委员会（Certification Governance Committee，CGC）管理认证的主要目的是对学校领导者进行专业水平的鉴定，确保获得证书的人具备首席技术官的岗位能力[①]。

（一）面对基本技能框架的自我评估

教育信息化领导者认证考试自我评估量表旨在帮助中小学校长确定校长信息化领导力的能力结构中的优势部分，支持专业发展，了解其需要加强的知识与能力，判断认证考试的准备情况。

校园网络协会为了能够更好定义教育信息化领导者的知识与技能，设计了中小学教师首席技术官的基本技能框架（Framework of Essential Skills of the K-12 CTO）。而教育信息化领导者认证考试自我评估量表就是基于中小学教师首席技术官的基本技能框架设计的，该框架包括3个主要部分：领导力与愿景、理解教育环境和管理技术与支持资源。这三个部分强调教育技术领导者必备的职责和知识的具体技能领域。

（二）明确细致的量表测量各能力维度

教育信息化领导者认证考试自我评估量表主要包括三大部分。该量表旨在测试在任的或者有志成为教育信息化领导者关于基本技能框架中要求的知识与技能的掌握情况[②]。从量表的内容设置来看，评估内容基于中小学教师首席技

① 王玥，赵慧臣. 美国校长信息化领导力提升项目的特点与启示. 开放教育研究，2015（3）：55-64.

② Self-Assessment for CoSN's CETL Certification. https://www.cosn.org/sites/default/files/pdf/CETL%20Self%20Assessment.pdf. [2019-05-21].

术官的基本技能框架。量表的评估的各项能力维度均按照基本技能框架的3个主要部分。领导力与愿景部分占40%的权重，包括领导力与愿景（15%）、战略规划（15%）、道德与政治（10%）；理解教育环境部分占30%的权重，包括教学聚焦与专业发展（12%）、团队建设与招聘（9%）、利益相关者关注（9%）；管理技术与支持资源部分占30%的权重，包括信息技术管理（9%）、传播系统管理（7%）、商业管理（7%）与数据管理（7%）。

评价量表细化到 10 项具体的教育技术领导者必备的知识、技能领域，并在每项具体技能领域下设12—30道自测题，在能力与差距的自测评定中，量表还提供可选择的程度选项。在能力程度选项中提供 4 项程度选项，程度从低到高分别是一点点或者不了解、基本的理解程度、中等的理解程度、专家级别的理解程度。其中，领导力与愿景（15%）的问题设置如表7-3所示。

表 7-3　教育信息化领导者认证考试自我评估量表部分内容①

A-领导力与愿景（15%）

定义：与执行团队和利益相关者紧密合作并且具有共同愿景，为机构制定一个长期的、宏观的关于有意义并有效的技术应用规划；提供领导力，并且为技术如何能帮助实现机构目标愿景提供领导力。

相关知识	能力				差距		
	1. 一点点或者不了解	2. 基本程度理解	3. 中等程度理解	4. 专家级别程度理解	1. 非常有发展需要	2. 有一定的发展需要	3. 没有发展需要
创造技术支持机构的战略和可执行目标的规划能力							
确保共同目标和共同使命感的聚焦							
系统规划能力与优先级别决策规律的运用							
组织结构（正式与非正式）、历史和所有利益相关者的利益							
识别个人利益相关者贡献的过程（方法）							
为咨询委员会定义有效使用的技术的角色，责任和期望，以支持特定目标							

① Self-Assessment for CoSN's CETL Certification. https://www.cosn.org/sites/default/files/pdf/CETL%20Self%20Assessment.pdf. [2018-03-15].

续表

相关知识	能力				差距		
	1. 一点点或者不了解	2. 基本程度理解	3. 中等程度理解	4. 专家级别程度理解	1. 非常有发展需要	2. 有一定的发展需要	3. 没有发展需要
有效的协作和沟通能力（例如，倾听，询问来征集最佳创意，建立关系，达成共识，沟通变革的需要，使用有效的观点共享技术，以确保关系的融洽）							
个人沟通技巧，例如，公开演讲							
组织和时间管理能力							
建设性冲突管理							
当前技术的了解程度							
对新兴技术的评估							
在评价、课程、教学的环境当中，对教学和学习产生积极影响的技术							
技术对增强目前实践的有效性与降低成本机会的角色							
对投资回报的预测与核心创新的测量方法							
确保所有学生的有效、富有挑战性和吸引人的学习							
教育内容与过程的来源与性质							
评估最佳实践，例如，如何评估主要教学活动，学习诊断，评估学习风格，教育术语							
变革的文化背景；变化过程的管理和便利化							
变化过程中专业发展的角色							
通过各种机制支持改变，例如，通过大众传播进行学习							

　　与知识技能考评视角的评价标准相比，教育信息化领导者认证考试自我评估量表在题目设置上明显更为细致。因此题目的数量也较多。自我评估量表共设置10个能力维度224道自测题。

　　从评价量表的适用性来看，教育信息化领导者认证考试自我评估量表是针对认证考试的，其主要目的是判断其对认证考试的准备程度，若将其作为中小学校长信息化领导力学位课程学习效果的评价标准，其信度、效度以及适用范围都有待考证。但是，这种自我量化评估的评价标准仍有借鉴作用，毕竟认证考试的内容与校长信息化领导力能力相关。

（三）个人能力自测与发展需求相结合

从每道自测题目的设置情况看，自测评估量表中将能力自测与发展能力需求相结合。量表不仅对校长信息化领导力的每个能力指标进行测量，还使校长对该能力指标的需要提高的程度进行界定，不仅能测量校长信息化领导力的能力现状，反映学习者的关于校长信息化领导力的知识与技能的准备情况，还能反映校长对某一具体的能力指标的态度和发展提升需求，为校长的自我提升或培训提供真实的基础水平和培训需求分析。[①]

三、培训绩效评估视角的特点

美国中小学校长信息化领导力培养项目的评估标准，是第三方机构对培训项目的评估认证。美国校长信息化领导力的培养项目相关的评估标准是对相关培养项目从项目、任职教师、学习者、课程、绩效等方面的整体评价标准。目前，美国还没出现专门针对校长信息化领导力学位培养项目的评价标准或专业的评价机构，但是作为校长信息化领导力的上位概念，校长领导力或教育领导力学位培养项目的评价标准或专业的评价机构已经出现，并且形成了较为完整的评价体系。其与校长信息化领导力学位培养项目评价在项目整体情况、师资队伍、学生情况、课程与国家标准、课程类型等方面存在共性。因此，对其开展研究能得出教育领导力培养项目的特点。

（一）具有认证性质的评价方式

美国较为有影响力的教育领导力项目评价标准，《面向的校长、主管、课程指导者、监管者的教育领导力提升项目标准》（Standards for Advanced Programs

---

① Self-Assessment for CoSN's CETL Certification. https://www.cosn.org/sites/default/files/pdf/CETL%20 Self%20Assessment.pdf. [2018-06-22].

in Educational Leadership for Principals，Superintendents，Curriculum Directors，and Supervisors）是由美国全国教育管理政策委员会（National Policy Board for Educational Administration，NPBEA）于2002年制定的。评估标准2011年又进行了重新修订，颁布了《教育领导力项目认证标准》（Educational Leadership Program Recognition Standards），以保证标准能够反映当前的教学实践状况。一般而言，获得NPBEA的认可，意味着教育领导力学位培养项目的教学、科研地位得到专业认可。这是NPBEA标准的显著特点，也是一般研究机构或者研究者个人制定的评价标准无法比拟的。

（二）定量与定性评价相结合

培训绩效的评价主要分为两个阶段：第一阶段即自评阶段，采用量规的方法对学习者的教育领导力现状进行评价；第二阶段即项目认证阶段，采用定性评价的方式。第一阶段由培养项目所在机构根据评价标准要求的收集各项数据和资料进行数据收集，并进行自我评估。主要内容包括：①培养项目的基本信息；②培养项目的主要内容；③培养项目的教师情况；④培养项目的学习者情况；⑤课程符合项目标准的情况；⑥学习者能力评价量规测量情况（表7-4）。其中，前5项可以通过搜集、统计数据完成，第6项则需要完成专门设计评价量规完成数据收集。量规根据教育领导力的能力维度划分，将其划分为愿景规划、促进教师学生专业发展、资源的管理与运营、与社会家庭的沟通工作、公平与道德、政策与社会背景的理解与应对以及实践能力7个维度，又细化出更为详细的评价标准，并在标准的基础上设计出可以量化评价的程度[①]。第一阶段由培养项目自己完成评价材料的收集与整理工作。这样可以保证资源收集的全面性和完整性。

表 7-4　培训绩效评估视角的校长信息化领导力标准的内容结构

主要部分	具体内容
培养项目的基本信息	1. 培养项目所处的机构、主要负责人的相关信息。 2. 培养项目授予的学位类型及名称

---

① NPBEA. Our Mission-To lead standards-based and research-informed policy，preparation，and practice for school and school system leaders. https://www.npbea.org/about-npbea/. [2021-05-21].

续表

主要部分	具体内容
培养项目的 主要内容	1. 讲解知识和技能基础，对每个培养项目的目的、目标、培养理念以及知识和技能基础进行解释。 2. 对培养项目进行描述，包括必修和选修课程。如果培养机构提交一个以上的培养项目报告，需要说明培养项目之间的不同，并描述其中重叠的课程。 3. 提供项目要求各个证书授予要求达到的学分数量。 4. 解释每个培养项目的所在机构及其与其他培养项目在部门或机构，或者大学与培养项目之间的相互关系。 5. 描述该机构如何评估其教育领导力培养项目。专注于收集、整理、分析评价结果以证明项目学习者基本掌握的标准要求的水平。解释如何将个人的学习成果聚集起来以达到项目改进的目的。阐述项目如何随着时间的推移实施多项措施检查，评估项目的有效性，并展示项目学习者的相关能力。 6. 说明影响培养项目的相关的政策和做法，包括用于单位认证的概念框架与基本的框架标准之间的关系。 7. 描述某些可能会影响培养项目的执行或学习者的表现的州级针对学习者的要求，解释项目是如何容纳ELCC标准和国家标准之间的差异
培养项目的 教师情况	1. 描述最近获得领域杰出贡献奖的教师个人、培养项目或机构部门。 2. 描述培养机构为教师提供辅助准备的支持和培训的类型。 3. 描述为确保教学质量和项目的持续改进，培养项目中对教师进行的评估。 4. 通过记录教师当前对教育领导力的理解，教学，使用以及对知识库的贡献（例如出版论文及专著、被引频率、外部资金支持、担任期刊编辑等）描述教师的学术生产力。 5. 描述培养项目中教师已经完成的关于协助学校，学区，和州级教育部门的教育改革和改革的工作。 6. 需要提供培养项目中每位教师的个人信息，包括：姓名、工作类型（全职或兼职）、专业排名及名称、课程安排、最高学历、职称类型（终身教职、非终身教职、助教）、课程安排、教学工作量、班级平均规模、教龄以及是否在地区或国家专业协会中担任职务
培养项目的 学习者情况	1. 描述培养箱的招生过程和标准及用于评估每个项目的潜在候选人（如入学考试、成绩、面试、参考标准）。 2. 提供每个培养项目录取率。 3. 解释培养项目的录取标准，主要是集中在申请者的领导经历或领导潜力，以及如何使用这些标准进行录取。 4. 提供项目学习者信息表格，包括：①过去 5 年的每个培养项目招收的学习者数目；②培养项目入学评估的平均入学分数；③加入每个培养项目的学习者的平均累积GPA或班级排名；④过去的五年中，每一届毕业生人数；⑤已通过国家认证考试的毕业生数；⑥在过去 5 年中，在学校/区担任管理人员工作的毕业生人数
课程符合项目 标准的情况	培养项目必须满足以下标准： 1. 课程设计基于以问题为基础的教学模式，以促进对教育领导力的各种知识和技能的理解。 2. 教学重点放在那些在学习者工作场所中的运用的方法和材料。 3. 适当使用成人学习策略。 4. 培养项目包括：①相关概念和信息的获取；②概念与实践相结合；③在工作场所环境中的知识和技能的应用。 5. 以实践为桥梁连接课程内容和工作场所，体现实践练习和情境设置的特点。 6. 所有学习者的绩效表现都需要有满足标准要求，以及一个能够满足标准知识和技能与综合运用的实习。 7. 为学习者提供制定和审查道德的平台。 8. 质量保证绩效评估的过程一直贯穿于培养项目之中，包括：①规划、利用多种措施，获取标准中要求学习者具备各种绩效指标；②规划或完成正在进行的评价以保证其可信度、准确性、公平，避免评价体系中的评价偏差；③定期使用评价结果以评估和改进教学

续表

主要部分	具体内容
学习者能力评价量表测量情况	在硕士学位培养项目评价标准中，共划分出 7 个能力维度。每个维度下又划分出更为具体的子维度。每个能力维度均有大量的相关研究提供理论基础①

第二阶段，在量规测量的基础上进行质性分析，尽量减少由评价主体的主观性造成的影响，将学习者评价结果建立在科学客观的评价标准之上。评估阶段虽然以质性评价为主，项目审查委员会成员也会基于一定评价标准进行分析，例如"评估以标准为依据，并且评估的范围与深度在评价描述、得分指南和数据支持等方面较为充分，足以证明该项目的学习者满足标准涉及的各领域的知识与技能"等原则，对校长领导力项目的自评报告和根据标准对相关材料进行质性评价，并根据评价结果授予资格认证。

（三）自我评估与认证评估相结合

在第一阶段的完成自我评估报告之后，由独立的、非营利性质的评价机构NPBEA 组成的审查委员会进行二次评估，根据自评报告的评价结果和参考评价材料是否翔实、完整等情况，给予不同类型的认证。这样可以保证认证工作的公平性与客观性。多方参与的教育领导力培养项目评价，使评价主体多元化，评价结果相对公平与客观。教育领导力培养项目评估流程如图7-1所示。

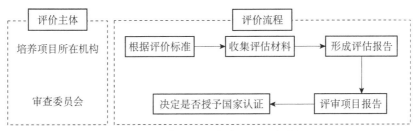

图 7-1　教育领导力培养项目评估流程

首先，评审者需要对评估报告的各项维度内容进行细致评估，并对每个维度的评估材料进行质性评价。其次，项目审核审查委员会成员会根据校长领导

---

① NPBEA. Our Mission-To lead standards-based and research-informed policy，preparation，and practice for school and school system leaders. https://www.npbea.org/about-npbea/. [2021-05-21].

力培养项目的评价报告中呈现的各项材料的证据优势（preponderance of evidence）判断是否授予该项目"国家认证"（National Recognition）、"有条件的国家认证"（National Recognition with Conditions）和"有待进一步考察"（Further Development Required/Recognized with Probation）。证据优势意味着培养项目被要求提交项目的评价数据。项目评审会根据项目提供的评价报告中的数据和材料得出项目是否达到标准或予以认证。3种校长信息化领导力的评价标准比较情况如表7-5所示。

表 7-5 3 种校长信息化领导力的评价标准比较

比较对象	信息化领导力评价量表	教育信息化领导者认证考试自我评估量表	《面向的校长、主管、课程指导者、监督者的教育领导力提升项目标准》
评价视角	知识技能考评视角	自我认知评价视角	资质评估认定视角
评价对象	中小学校长、学位培养项目的学习者	希望通过 CELT 认证考试的中小学校长及相关人员	培养项目的整体评价以及对教师、学习者、课程的评价
评价主体	教育管理部门、教师、学生等	中小学校长	教育管理部门、第三方评价机构、研究者等
主要特点	信效度经过科学地设计和检验、量表结合人口统计学等因素、PTLA 被广泛应用	针对认证考试的自我评估量表、能力维度的权重分配、将能力自测与发展能力需求结合	具有认证性质的评价方式、自我评估与认证评估相结合、定量与定性评价相结合

第三节 美国教育信息化领导力评价的特征

校长信息化领导力不是单一主体完成的评价活动，教育管理部门、校长自身、教师、社会成员等主体的支持与参与必不可少，每一主体对校长信息化领导力都有各自的价值选择。因此多元主体参与的信息化领导力评价，其价值取向必然有多元化的特征。

一、多元评价标准构成：多元化的评价主体

校长信息化领导力的多元化评价基本特征之一是评价主体的多元化。相比

而言，单一评价主体是将被评价者（中小学校长）和学校内部人员（教师、学生等）排除在外的主体。主体大多由研究者、第三方评价机构、教育管理部门组成。而多元化的校长信息化领导力的评价主体不仅包括这些外部评价者，还包括与校长具有紧密联系的教师、学生、家长等。最重要的是作为评价对象的中小学校长也是评价主体组成人员，他们不仅接受外部的多方评价，还需要对自我的信息化领导力水平进行自我认知与评价。

二、多元评价标准实现：多样化的价值需求

价值形成源于主体需要，价值形成的条件是客体具有满足主体需要的属性，价值形成的实质是主客体之间需要与满足关系的不断生成①。因此，不同评价主体在校长信息化领导力能力水平和相关培训绩效问题等内容做出价值判断时，其判断标准受自身特定的价值需求影响。

美国校长信息化领导力多元评价主体表现出价值需求的多样化，即以知识考评视角下的各个评价主体，由于其对校长信息化领导力的发展能力现状与提升空间期许都不尽相同，因此评价主体的价值需求较为多元。而在自我认知评估视角下的、集评价主体与评价对象于一身的中小学校长，希望在信息化校园环境中展现并提高其信息化领导力水平。由于每位校长的知识能力、个性特点、领导范式等方面的不同，校长的价值需求也呈现多样性。培训绩效评估视角下的研究者、政府教育管理部门、第三方评价机构等评价主体以培养项目是否满足国家制订的培养项目标准为要求。

三、多元评价标准形成：多维性的参与路径

目前，我国主要采用的是客观的知识技能考评视角，基于国家标准、国内外文献或实证数据的归类分析构建评价体系指标，通过校长对评价体系各能力维度行为频率的描述，统计分析校长群体及个人的能力水平，以及能力高低与校长个体年龄、性别、教育背景等因素的关系。评价者从完全脱离校长工作实践环境的

---

① 阮青. 2004. 价值哲学. 北京：中共中央党校出版社：64.

视角,对中小学校长信息化领导力的各能力维度进行调查分析的评价方式,虽然可以减小研究者对评价结果的主观影响,但是也限制了评价结果的全面性。

而美国多元视角下的信息化领导力评价活动的主要特征之一就是路径呈现出多维性。具体表现在以下几个方面。

其一,信息化领导力评价参与时间的多维性。其主要包括校长信息化领导力培训前起始水平的评价、培训中的形成性评价和培训完成后的总结性评价。每类评价主体在评价过程中所处的地位、参与的时间是不同的,如校长的自我评估在起始阶段评价和培训过程中形成性评价占据主导地位。

其二,信息化领导力评价参与空间的多维性。校长信息化领导力不仅包括面对学校之外人员,例如教育管理部门、社会机构、学生家长等表现出的对学校的规划部署、与社区的联系合作、争取利益相关者的支持与关注等,还包括对学校内部资源的规划配置、人员的组织分配和发展支持等方面。所以,进行校长信息化领导力的评价活动的空间既包括校内也包括校外。校长在进行自我认知与评估时,需要同时兼顾发生在不同空间的信息化领导力行为。

其三,信息化领导力评价参与方式的多维性。无论是对校长信息化领导力水平的评价还是对相关培训的评价,其方式都是多种多样的,有传统的能力评价量表,也有近年来兴起的档案袋评价。

第四节　美国教育信息化领导力评价的发展趋势

目前,国内中小学校长信息化领导力的评价研究逐渐开展,为保障评价结果的全面性与客观性,尊重各类人群的价值需求,多元取向视角下校长信息化领导力的评价标准的设计开发需要在价值需求、评价主体和评价维度这三个方面做好充分的准备。

一、价值需求:丰富评价标准的内在价值取向

我国虽然已经有基于标准的评价体系研究、基于文献的评价体系研究和基

于实证的评价体系研究，但看似多元化的校长信息化领导力标准，在内在价值需求满足方面，依然是单一地满足研究者、教育管理部门等评价主体的需求，忽视了信息化领导力存在的行为主体自身的自我认知与评价。

同时，另一个国内信息化领导力课程评价经常忽视的取向就是培训绩效评估取向，虽然 2013 年，我国启动"教育部-中国电信中小学校长信息技术应用能力提升项目"，各省（区、市）也开展了校长信息化领导力培训，但是学者和培训机构往往仅关注校长个人信息化领导力培训前后的提升程度，较少关注培训项目在教师、课程、受训者等各方面的情况如何。培训绩效评估取向的信息化领导力课程评价可以对项目进行整体、全面的绩效评估。

校长信息化领导力多样性的价值需求促使教育管理部门、校长自身、教师、学生等不同评价主体从不同角度、不同侧面对校长信息化领导力现状水平和提高方式进行评价，以期确保评价结果的全面性。因此，在多元评价主体中，要尊重评价主体价值需求的多样性的存在，不能忽视某部分人的价值需求，从而服从某一单一主体的价值需求。

二、评价主体：满足外部评价标准同时兼顾自我认知

正如"约哈里之窗"（Johari Window）对于知识技能的分类一样，客观知识技能考评的评价视角可以清楚地划出校长信息化领导力知识技能范围中开放区（代表所有自己知道，他人也知道的信息）和盲目区（代表关于自我的他人知道而自己不知道的信息）。而对于隐秘区（代表自己知道而他人不知道的信息）和未知区（这个区域指的是自己不知道，他人也不知道的信息），外部的客观评价则无法有效测量。其中所涉及的知识技能也正是校长所需要的信息化领导力。

所以，校长在通过外在的、客观的、他人的评价标准考察自身信息化领导力水平的同时，更要积极进行自我的、内在的能力评价。这不仅仅是价值需求的满足，更是探求信息化领导能力链条上的薄弱环节的方法。

三、评价维度：拓展能力评价的时间、空间与方式

由于评价活动的复杂性及评价主体自身所具有的局限性，每个评价主体参

与评价的活动路径都具有各自的评价特点与评价局限。因此，多类评价主体参与，在多个时间节点、空间范围，采用多种评价方式对校长信息化领导力进行评价，会使评价结果更为立体、全面。各类评价主体根据评价维度和自身属性，通过不同的时间、空间维度参与校长信息化领导力的评价活动，通过多种方式对校长信息化领导力进行评价，不仅弥补了单一评价方式存在的弊端，而且使各评价主体有效地参与评价活动。

所以，校长信息化领导力的评价从注重静止的评价结果到关注整个能力发展过程，不仅关注校长在学校之外面对教育管理部门、社会机构、学生家长等时主要表现出的规划、合作等校长信息化领导力，还要关注面对学校内部教育信息化硬件、资源、师资、制度等方面时主要表现的校长信息化领导力；不仅要依据评价量表等定量测量工具，还需要注重收集能够反映校长信息化领导力水平的文本、案例或其他形式的材料。

第 八 章

美国教育信息化领导力硕士学位课程的启示

第一节　面向现实：我国校长信息化领导力的现状反思

目前，我国教育信息化已进入 2.0 时代，从教师角色的转变到以学习者为主体的学习环境改变，再到为符合个性化需求所设计开发的各种信息化学习内容与资源等的改变，无一例外地显示出"互联网+"时代下学校教育需要面对的变革和挑战。当然。这也提醒所有学校教育管理者进行反思，思考学校是否做好了准备迎接挑战。

学校通过何种方式提供便捷有效的信息技术与媒体资源、建立系统化的信息化管理模式与营造优质学习环境、提升信息技术水平与促进学生学习的有效策略，都将是学校领导者面临的挑战。面临教育信息化 2.0 时代革命浪潮与冲击时，校长能否以身作则并且具有丰富的信息化专业素养和领导能力[①]，将成为决定其学校能否安然地在此信息化浪潮中挺进抑或被信息化洪流淹没的关键因素。

一、研究目的

虽然各级教育行政部门和中小学学校都对信息技术对学校教学深远影响有所认知，同时也有诸多研究者对校长信息化领导力的现状水平进行调查，但研究结论尚存争议，有待进一步考证。

相关研究表明，校长信息化领导力不但对运用信息技术促进课堂教学具有

---

①　Scott G. 2005. Educator perceptions of principal technology leadership competencies. Unpublished doctoral dissertation，The University of Oklahoma.

正向作用①，也与教师的信息技术应用能力水平之间存在较强的相关性②。NETS·A（2009）也提出，希望学校管理者能够拥有信息化领导力，其中，校长身为一个学校行政团队之领导者，必须扮演领头羊的角色。研究者利用 PTLA 等测量工具调查不同地区校长的信息化领导力水平，还对校长信息化领导力的自我感知程度以及个体差异对能力的影响进行了研究。概括而言，我国研究者已经意识到教育信息化领导力并不是学校领导个人的能力水平，还需要关注其在真实的学校环境中与多主体发生互动关系，但与国外相比研究主体较多关注与其有直接联系的中层管理团队以及教师群体。国外研究者除了运用专业量表测试校长信息化领导力是否达标外，还从学生、教师甚至是家长的角度分析校长信息化领导力水平以及其能力对自身产生的影响。

以教师的视角审视校长信息化领导力的现状与不足，同时得出教师与校长对信息化领导力的评价偏差，有利于从利益相关者的角度探讨校长信息化领导力的完善与提升策略，提出了建立共同目标，完善反馈机制等方面的提升策略。因此，以教师的角度来探讨校长信息化领导力同样值得研究者关注。

二、研究设计

2019年，笔者对河南省9位校长以及181位教师开展问卷调查，分析教师对校长信息化领导力和校长自身对信息化领导力的评价差异；并且探讨了在不同学校环境变量下，教师对校长信息化领导力的认识程度和评价差异；从学校整体的角度，进一步分析教师对信息化领导力与校长本身信息化领导力的关联性和可能之差异性。

（一）研究对象

为能有效获得研究资料以回应前述研究问题，以河南省为范围，选取近五年来积极争取和参与教育部或河南省校长信息化领导力相关培训的学校，并且

① Anderson R E，Dexter S. 2005. School technology leadership：An empirical investigation of prevalence and effect. Educational Administration Quarterly，41（1）：49-82.

② Rogers E M. 2000. The correlation between teachers "perceptions of principals" technology leadership and the integration of educational technology. Unpublished doctoral dissertation，Ball State University.

逐步建立学校信息化校园环境、并积极推进信息技术与课程整合；再依据其学校规划分为大型（20班以上）、中型（6—19班）和小型（5班以下）学校，最后选取共9所学校进行正式问卷调查（每类各3所），请9位校长及171位教师（含行政人员）填写问卷，共回收180份有效问卷。

（二）研究工具与数据收集

使用基本资料表及校长信息化领导力量表进行研究资料的收集，并区分为校长和教师填写两种类别；以上所有资料皆以双向匿名编码处理，分述如下。

1. 基本资料表

校长填写的基本资料表包含性别、任职年限、是否参与过信息化相关培训和学历背景。教师填写的基本资料表则含性别、教龄、学历背景及是否参与过信息化培训背景等项。

2. 中学校长信息化领导力量表

首先，依据美国教育领导力前沿研究中心研制的信息化领导力评价量表与相关文献编制中学校长信息化领导力量表，该量表包含6个方面共30题：领导与愿景（1—5题）、学习与教学（6—10题）、生产力与专业实务（11—15题）、科技、支持、管理与运作（16—20题）、测量与评价（21—25题）及社会、法律和伦理道德（26—30题）。问卷从校长自身和相关利益者教师两个角度进行评价，以期分析和发现校长自身主观评价的局限与不足。量表采用Likert的五点式量表设计，让校长和教师填选5个选项，以获知其对量表中各选项内容的完成程度。根据预调查问卷的结果，总量表的Cronbach α 值为0.97，各维度向量表的Cronbach α 值为0.91—0.95。且各变量间亦具有显著相关性（相关系数值为0.61—0.84，$p<0.01$）。以上数据显示，本量表具有良好的信度和效度。

（三）研究问题

根据研究之设计，所收集到的相关资料使用SPSS进行分析：

1）以描述性统计资料呈现教师对校长信息化领导力的评价现状。

2）以独立样本t检验与单因素方差分析分别检验拥有不同背景（性别、教育程度与服务年资）对教师评价校长信息化领导力是否存在差异。

3）以单因素方差分析检验在不同规模的学校中任教教师对校长信息化领导力是否有差异存在。

4）以描述性统计资料呈现校长信息化领导力的现况。

5）以描述性统计和相关性分析来检验校长本身信息化领导力与其教师对校长信息化领导力的联系与差异。

三、研究结果与讨论

（一）教师对校长信息化领导力的整体评价

共收回教师对中学校长信息化领导力的评价量表180份，分别来自3所大型（20班以上）、3所中型（6—19班）和3所小型（5班以下）学校。研究将对这180位教师对信息化领导力评价量表（包含总量表及各维度得分）进行统计分析。整体而言，以教师对中学校长信息化领导力的得分来看（共30题），单题的平均分数为3.837，调查结果表明教师对中学校长信息化领导力的评价大多介于"部分能做到"和"基本能做到"之间，并且更倾向"基本能做到"。也就是说，整体上看，相关教师能够感知到校长在信息化领导力的部分想法与作为，而在各能力维度方面，研究中教师对校长在"生产力与专业实务""领导与愿景""测量与评价"维度上的评价较高；在"科技、支持、管理与运作"维度的评价得分较低（表8-1）。

表 8-1　教师对信息化领导力的描述性统计

能力维度	平均分	标准差	单题平均分
领导与愿景	19.73	3.43	3.946
学习与教学	18.65	3.36	3.730
生产力与专业实务	20.27	3.04	4.054
科技、支持、管理与运作	18.14	3.56	3.628
测量与评价	19.56	3.76	3.912
社会、法律和伦理道德	18.78	3.08	3.756
校长信息化领导力（总量表）	115.13	4.23	3.837

注：每个维度各5道题，单题平均分数是以各维度的平均分除以5计算（总量表为除以30）

（二）教师个人对信息化领导力评价水平的差异分析

1. 教师性别因素对信息化领导力评价的差异分析

根据独立样本 t 检验的分析结果可知，82 位男教师与 98 位女教师对校长信息化领导力的评价存在显著性差异，$t(180) = -2.041$，$p < 0.05$，t 值为负数说明男教师在该能力维度对校长信息化领导力的评价得分均值低于女教师（具体情况见表 8-2）。从校长信息化领导力各能力维度看，在"科技、支持、管理与运作"和"测量与评价"两个能力维度的独立样本 t 检验的结果说明男女教师存在显著差异，仍然是女教师对校长信息化领导力的评价较高；其他 4 个能力维度在性别因素上不存在显著差异。这与台湾学者 Chang 等[①]的研究结果一致，他们也发现相比于男性教师，女性教师对校长信息化领导力的评价更高。

表 8-2 教师对信息化领导力评价的差异分析

	比较项	性别	人数	平均分	标准差	t	F
能力维度	领导与愿景	男	82	19.09	3.27	-1.473	—
		女	98	20.37	3.58		
	学习与教学	男	82	18.21	3.96	1.731	—
		女	98	19.09	3.74		
	生产力与专业实务	男	82	19.63	3.95	0.865	—
		女	98	20.91	3.47		
	科技、支持、管理与运作	男	82	17.84	3.58	-2.062*	—
		女	98	18.44	3.94		
	测量与评价	男	82	18.75	4.17	2.174*	—
		女	98	20.37	3.87		
	社会、法律和伦理道德	男	82	18.27	3.51	1.947	—
		女	98	19.29	3.18		
	校长信息化领导力（总量表）	男	82	111.79	4.57	-2.041*	—
		女	98	118.47	4.84		
教师教龄	5 年及以下	—	19	113.51	15.42		0.55
	6—15 年	—	92	117.45	16.93		
	16—25 年	—	60	117.90	19.21		
	25 年以上	—	9	121.75	13.50		

① Chang I H，Chin J M，Hsu C M. 2008. Teachers' perceptions of the dimensions and implementation of technology leadership of principals in Taiwanese elementary schools. Educational Technology & Society，11：229-245.

续表

比较项		性别	人数	平均分	标准差	t	F
教师的学历背景	一般大学非教学专业毕业	—	32	120.32	16.43	—	1.491
	师范院校或综合大学教育专业	—	86	115.31	15.71		
	教育学研究生	—	61	117.89	21.61		
具有信息技术应用能力方面的培训经历	有	—	56	118.38	16.74	1.041	
	无	—	124	114.22	16.43		
学校规模	小型（5班以下）	—	25	125.82	13.54	—	7.34**
	中型（6—10班）	—	65	111.09	18.31		
	大型（10班以上）	—	90	119.32	15.45		

*$p<0.05$，**$p<0.01$，***$p<0.001$，全书同

从学校的现实情况来看，中小学教师队伍中女教师占比较高已经是不争的事实，虽然传统观念认为男性接受技术性、操作性等领域知识、技能较快，但是该项调查更多倾向校长信息化领导力的感知与评价，所以从侧面也反映了女教师对教育信息化方面的政策推动、领导行为等感知程度和评价水平较高。该研究发现也值得校长在推动学校信息化进程当中参考，女性教师可能更容易积极参与到信息化专业发展和学校信息化建设的进程中，进而带动所有教师将信息技术与数字媒体整合于课堂教学、行政管理等学校运行的方方面面。

2. 教师教龄与学历因素对信息化领导力评价的差异分析

具有不同教龄的教师，虽然从统计数据来看教师对校长信息化领导力的评价得分的增长会随着教师教龄的增长而提升，但通过差异性分析的结果来看，不同教师教龄之间的分数并没有显著性差异，也就是说，数据还不能证明教师教龄与校长信息化领导力的评价得分存在某种直接联系。其原因可能是，随着信息时代的发展，教师教育的网络开放课程、网络专业群体的交流、优质的课堂实录等都为年轻教师提供了信息技术与课程整合的经验与范例，教学经验、教龄长短已经不再是判断专业素养的主要标准。

结果发现，拥有不同学历背景的教师，在对信息化领导力评价的方面并没有存在显著差异。因此，教师的学历背景、专业背景与其对校长信息化领导力的评价仍需要进一步探究。而在本研究中，不同学历背景的教师对校长信息化

领导力的评价没有显著差异的原因，可能是学校、教育管理部分在教师入职后一直加强在职教育或职后培训，使教师的专业发展途径不断拓宽。因此，教师原有的学历背景、专业知识对评价的影响也随之减小，同时由于教师可通过各种机会接触到信息技术与数字资源，所以其差异也将逐渐缩小。

3. 教师培训因素对信息化领导力评价的差异分析

根据独立样本 t 检验结果，56 位具有信息技术应用能力方面培训经历的教师与 124 位没有信息技术应用能力培训经历的教师对信息化领导力评价没有显著差异，t（180）$=1.041$，$p>0.05$，但具有信息技术应用能力方面的培训经历者对校长信息化领导力的评价得分较高。本研究结果不符合最初设定的研究假设，与前文验证的学历背景对校长信息化领导力的评价影响一样，因教师接触信息化教育教学信息和知识的方式与渠道日趋多元，所以是否拥有信息技术应用能力方面的培训经历对教师评价校长信息化领导力的影响也将相对地降低。

4. 教师所在学校规模对信息化领导力评价的差异分析

在本研究中，研究者特别设置了教师所在学校规模的基本信息，以期了解教师所处的学校规模对教师评价校长信息化领导力是否有影响。根据研究结果，在不同规模学校任教的教师，对校长信息化领导力评价存在显著性差异，F（2，176）$=7.34$，$p<0.01$；其中，以小型学校（每年级 5 班以下）教师的得分最高，其次是大型学校（10 班以上），得分最低的为中型学校（6—10 班）的教师，并且大型学校教师的得分亦显著高于中型学校教师；但小型学校与大型学校教师间则不存在显著性差异。

这可能是由于近年来国家对教育信息化发展的重视、《教育信息化十年发展规划（2011—2020 年）》与《教育信息化 2.0 行动计划》的先后出台，加上针对中西部地区的教师信息技术应用能力提升工程和校长的领导力培训，为减小城乡差距提供了可能，使得小型学校可以共享优质的信息化教育资源，并且也能获得更多接触教育信息化手段的机会；小型学校班级较少、教师人数较少，更有利于校长信息化领导力的发挥，所以其教师对校长信息化领导力的评价也较高。大型学校本身拥有较多资源，因此也较有利于校长信息化领导力的发挥，同时大型学校可能还因家长、社会等利益相关者的关注较多，间接地促使校长和教师对教育信息化领导力的重视。而中型学校处于资源有限和教师队伍不足的尴尬境地，校长信息化教育政策的推行也因此受到些许阻碍。这个研究结果值得教育管理部门和研究者进一步关注。

（三）校长与其教师对信息化领导力评价结果的比较

1. 校长信息化领导力的现状分析

研究者对所调查教师所处学校的校长进行了信息化领导力的调查，以分析校长本身对其信息化领导力的评价情况。

调查的对象来自 3 所大型（10 班以上）、3 所中型（6—10 班）和 3 所小型（5 班以下）学校。在 9 所学校中，共有 6 位男性校长和 3 位女性校长。其中，有 5 位校长具有 16—25 年的管理经验，3 位校长具有 6—15 年的管理经验；3 位校长是一般大学非教学专业毕业，6 位校长是研究生毕业；7 位校长具有信息技术应用能力方面的培训经历，2 位不具有信息技术应用能力方面的培训经历。以下将 9 位校长信息化领导力量表得分进行描述性统计分析。

整体而言，从校长信息化领导力总量表得分来看（共 30 题），单题的平均分为 4.24，显示校长对自身的信息化领导力评价基本介于"基本能做到"和"完全能做到"之间，但略偏向"基本能做到"。校长们对于自身在信息化领导力的想法与作为，基本上认为自己做得不错。

在各能力维度方面，校长们认为自己在"领导与愿景"方面表现最好，但其实 6 个能力维度的分数差距并不大。校长们关于信息化领导力的具体描述性统计见表 8-3。

表 8-3　信息化领导力的描述性统计

能力维度	平均分	标准差	单题平均分
领导与愿景	23.21	1.75	4.64
学习与教学	20.71	2.13	4.14
生产力与专业实务	21.48	1.58	4.30
科技、支持、管理与运作	19.79	2.00	4.00
测量与评价	21.45	2.97	4.30
社会、法律和伦理道德	20.49	1.23	4.10
校长信息化领导力（总量表）	127.13	5.34	4.24

2. 校长与教师对信息化领导力的比较分析

教师对校长信息化领导力的总量表平均分数为115.13；而校长们对自身信息化领导力的平均分数则为127.13（单题平均分数4.24）。由此显示，两者之间有些许差距存在，具体描述性统计见表8-4。

表8-4　信息化领导力的描述性统计

能力维度	校长平均分	教师平均分	平均分差
领导与愿景	23.21	19.73	3.48
学习与教学	20.71	18.65	2.06
生产力与专业实务	21.48	20.27	1.21
科技、支持、管理与运作	19.79	18.14	1.65
测量与评价	21.45	19.56	1.89
社会、法律和伦理道德	20.49	18.78	1.71
校长信息化领导力（总量表）	127.13	115.13	12

本书为了解教师和校长对信息化领导力评价的相关性与差异性，通过教师对校长信息化领导力整体与各能力维度的评价分，试图分析其是否与校长对自身信息化领导力评价得分存在某种关联。本书根据"约哈里之窗"对于知识技能的分类，希望从主观、客观两个视角划出校长信息化领导力知识技能范围中的开放区（代表所有自己知道、他人也知道的信息）和盲区（代表关于自我的他人知道而自己不知道的信息）。而对于隐藏区（代表自己知道而他人不知道的信息）和未知区（这个区域指的是自己不知道、他人也不知道的信息），外部的客观评价则无法有效测量。其中所涉及的知识技能也需证实校长所需要的信息化领导力（图8-1）。

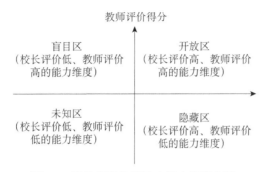

图8-1　校长信息化领导力能力维度分区

四、结论

（一）多元主体对校长信息化领导力的认识现状

整体而言，校长对自身信息化领导力的评价量表得分高于教师对校长信息化领导力的评价得分，并且各维度得分也呈现这一现象。究其原因可能需要从校长和教师两个方面进行分析。校长评价方面出现不一致有以下几种可能：一是自我宽容的心理暗示，即校长在对自身信息化领导力进行评价时，得出的量表分数往往高于自身实际应得的分数；二是校长在进行自我评估中可能存在晕轮效应，即校长受到"好"的心理诱导来评价自身某种信息化领导力行为，从而影响评价；三是近期培训效应，接受调查的校长可能近期接受了信息化领导力培训，进而近期在学校推行了信息化的相关政策和规划，却往往忽略培训之前的整体表现。

从教师角度来看，首先，教师对信息化规划、生产力与专业实务等概念并不了解，不能将所指内容与实际信息化行为相联系，进而影响其对校长信息化领导力的评价得分。其次，教师虽然作为学校信息化进程的中坚力量，但可能由于学校的层级化管理，无法及时、直观地了解校长实现信息化领导力的理念和行为。因此，校长和教师双方均存在些许评价偏差，造成了两者之间的量表分数差。

（二）校长信息化领导力各能力维度的现状

虽然校长对自身信息化领导力的评价量表得分无论是整体还是各能力维度均高于教师得分，但各能力维度之间的分数差还是存在较大差异。例如，在领导与愿景维度分数差有 3.48 分，而科技、支持、管理与运作维度分数差只有 1.65 分。本书根据信息化领导力校长和教师的评价得分和分数差，结合约哈里之窗的能力认知分类理论，将 6 个能力维度与 4 类能力相比对，得出以下结论：生产力与专业实务、测量与评价是教师和校长评分较高、差距较小的能力维度；领导与愿景、学习与教学是校长评分高、教师评分低的能力维度，即认为能力评价偏差较大的能力维度；科技、支持、管理与运作和社会、法律和伦理道德是教师和校长都认为能力有待提高的能力维度。

之所以会出现这样的结果有以下几方面原因。

第一，能力维度是否可以通过外在量化行为被评价者感知。校长对信息化领导力的执行和实施，通过建设信息化硬件环境、铺设网络、购买设备及教学资源等外在行为被教师和学生感知，而学校信息化的规划、伦理道德等观念性的能力维度如果没有通过发布政策、开展活动等文字性或实体性的活动体现出来，教师便很难感知到。

第二，教师客体因素对信息化领导力评价偏差的影响。教师的性别因素和所在学校规模的因素对校长信息化领导力的评价偏差能够产生影响，而教师的教龄因素、学历因素、受训因素等都对评价偏差未产生影响。学校规模小的教师和女性教师更容易感知校长信息化领导力的执行和推动，对校长信息化领导力能力更为认可。身处"教育信息化2.0"浪潮下的每一位教师都需要面临技术带来的新挑战，青年教师更应该成为信息技术应用于教育教学的主要实践者和探索者，因此，这也将更有利于校长在学校中推动其信息化领导力的做法。小型学校在信息化推进过程中也占有优势，不应妄自菲薄，而要大胆创新。

第三，信息化领导力评价偏差可能造成的后果。校长在内在地考察自身信息化领导力水平的同时，更要积极地、开放地面对同事、社会给予的外部评价。这不仅能够帮助校长知晓利益相关群体的多方评价，也能够促使校长将职业发展与整个学校的需求相结合。如果校长信息化领导力未被本校教师认可，就会对推动学校信息化进程、实施信息化政策有一定的阻碍。

五、建议

（一）重视多元评价，客观判断信息化领导力现状

各类评价主体根据评价标准和个体特点，通过不同的时间、空间维度参与校长信息化领导力的评价活动。不同评价主体通过多种方式对校长信息化领导力进行评价，不仅弥补了单一评价方式存在的弊端，而且使各评价主体能有效地参与到评价活动，大大提高了评价的效率。多类评价主体参与时，使得评价结果更为立体和全面。虽然教师与校长对信息化领导力的评价存在差异，这也

正好说明校长的信息化领导力仍有改进的空间，以便能应对瞬息万变的数位时代所带来的挑战。

第一，建议在校长选任的过程中将校长的信息化领导力列入甄选项目的内容，以便筛选出更适合"互联网+"时代的未来学校领导者。

第二，对于学校教师，学校各级管理部门应鼓励教师主动参与学校信息化政策规划、制定和推进的工作。唯有如此，才能让校长信息化领导力的推动达到全面性的效果。其实，教师身为课堂的领导者，自身信息化领导力的作为会直接影响到学生的学习。因此，教师虽非行政人员，但也应该更主动地提升自我在信息化领导力方面的素养，以便担负好第一线的信息化推动者的角色，同时更应为学校领导者和管理团队提供最有效的建言，以整体提升学校的效能。

（二）构建多重路径，推动信息化领导力执行与实现

根据前项研究，由于校长和教师对校长信息化领导力存在明显偏差，因此，建议校长应该针对其信息化领导力的理念和作为，通过系统、多元的方式和途径积极地对校内教师进行宣传和引导。校长也可针对学校教育信息化规划，邀请教师一同讨论，以达成全校教师共识。这有助于未来学校推进教育信息化政策、采用信息化教学设备与模式的开展。此外，对于其他维度的信息化领导力行为，校长也应利用校内的信息平台等工具与教师多沟通（特别是在提供教师支持和资源、学习与教学、测量与评价等内涵上），以期在此基础上真正发展出适合的教育信息化发展措施。针对教师生产力与专业实务发展方面，校长则应多倾听并主动了解教师在专业发展上的需求，以便提升教师在教育信息化2.0背景下的专业素养。这也将有助于优化学生的学习成效。

（三）考虑个体因素，遴选信息化骨干推动信息化进程

随着信息时代的发展，教师教育的网络开放课程、网络专业群体的交流、优质的课堂实录等都为年轻教师提供了信息技术与课程整合的经验与范例，专业素养的判断标准已经不再仅仅包括教学经验、教龄长短、是否接受过专门的信息技术培训，教师间的评价差异不断缩小，这些都将有助于校长推进信息化教育理念与作为。

此外，部分调研结果也显示，女教师对教育信息化方面的政策推动、领导行为等维度更为敏感、也更易积极投身相关活动。因此，在学校推进信息化进程中，选取信息化骨干时，也可以将教师的性别作为考虑因素。

第二节　分析借鉴：美国教育信息化领导力硕士学位课程的启示

分析美国教育信息化领导力学位课程设置，总结其在学分要求、课程名称、课程描述、课程类别和课程结构等方面的特点，能够为完善我国教育信息化领导力课程的研究和实践提供有益借鉴。美国教育信息化领导力学位教育的课程无论是在宏观层面的顶层设计、中观层面的课程体系设计上，还是在微观层面教学内容的选择等方面，都有助于我国教育信息化领导力课程建设。

一、宏观层面：重视教育信息化领导力课程的顶层设计

此处的宏观层面指如何在我国大的教育环境中创造出有利于教育信息化领导力学位课程开设与完善的教育政策及社会环境。21世纪以来，我国相继出台了《教育信息化十年发展规划》《中小学教师信息技术应用能力标准》《校长信息化领导力标准》等一系列教育信息化的政策、标准、文件，标志着我国正在逐步建构并完善教育信息化政策环境。完善的教育信息化政策环境不仅对教育活动起到规范和约束作用，而且可以协调利益相关者建立共同愿景。

然而，教育信息化领导力培养和提升的政策与社会环境绝不是只停留于纸上（形成规划文档或能力标准），还需要中小学校长以及其他利益相关者意识到信息化领导力的重要作用并付诸实践，从而对自身行为加以改善。

（一）构建专门机构，开展系统研究和人才培养

美国等在教育信息化领导力标准制定、能力提升、人才培养和行业认证等方面均积累了丰富的研究和实践经验，并设立了专门的教育信息化领导力学位培养

项目，如乔治·华盛顿大学的学校信息化领导力项目、肯塔基大学 CASTLE 培养项目。

我国教育信息化领导力研究主题集中在校长的教育信息化领导力的能力构成和现状调查以及提升策略等方面。尽管国内学者研究了国外教育信息化领导力，但研究内容大多局限于国外标准、理论模型的介绍；与国外教育信息化领导力的研究相比，无论是研究主题还是研究视角，均相对狭窄。究其原因，除了我国教育信息化领导力的研究起步较晚、研究基础薄弱之外，研究人员主要是来自教育技术领域的专家、学者等相关人员，使整个研究队伍的结构构成较为单一。教育信息化领导力涉及教育学、教育技术学、管理学等多学科知识，单一教育技术领域的研究人员探讨该问题，难受到学科背景的影响和限制，从而造成研究主题和研究思路相对单一。因此，为推动教育信息化领导力在我国的研究与实践活动，需要构建专门的研究机构，开展系统的研究和人才培养，以满足面对教育信息化领导力研究的特殊要求。

在过去的几年中，我国先后开展了多次面向校长的教育信息化领导力主题的培训，同时也开展了多次基于网络平台的远程培训。教育信息化领导力学位课程的教学内容既涉及教育、计算机等学科，还包含管理、培训和研究等能力的提升，使教育信息化领导力的提升内容具有较强的系统性，教学内容之间也有较强的相关性，以满足学习者处理信息化教学环境中教学、管理、评估等工作中复杂问题的要求。

（二）实行开放申请，面向社会提供在线提升课程

"开放"和"在线"是美国教育信息化领导力学位课程中较为明显的特点。其中，开放申请面向所有国家和地区，意味着课程不会因为申请者的年龄、所在单位、地区名额等情况而将其拒之门外。相反，只要申请者达到入学的基本要求，无论是中小学校长还是监管者、地区技术协调者、媒体专家、教师，或私立教育机构、非营利性教育组织、政府工作人员以及其他对教育信息化领导力方面感兴趣的人，都可以参加课程学习，修够学分就可以领取培训证书或获得相应的学位。相比之下，国内教育信息化领导力课程的学习者则需要通过一定的选拔才能参与其中，并且大多面向中小学校长。因此，借鉴美国教

育信息化领导力学位课程开放申请的方式，能够改变我国中小学校长以及其他群体参加课程机会受限的现状，扩大课程教学对象的范围。

另外，美国教育信息化领导力硕士学位课程开放、灵活的入学形式与网络授课方式也有利于世界范围内有志于提升信息化领导力的教育领域人员参与到提升项目中来。网络授课是美国教育信息化领导力项目的主要授课方式。学习者在每周相对固定的时间参与网上小组讨论、获得在线学习支持，这满足了在职教师不脱岗学习的现实需求。

教育信息化领导力的发挥不仅需要领导者个人的专业素养，更需要利益相关者的支持和推进。教育信息化领导力的提升对象不能仅集中在学校机构，不应把与其密切相关的其他人群排除在外。因此，开放申请和在线课程的价值在于扩大教育信息化领导力硕士学位课程的受众范围，使更多的社会群体加入教育信息化领导力课程的学习中，为不同地域、不同机构的教育信息化领导力学习者创造学习机会，使他们兼顾个人专业发展与实际工作成为可能。

（三）选择代表性院校，开展教育信息化领导力的水平认证

在当前的信息时代背景下，领导群体的信息化领导力成为其能力结构中的核心内容，为体现教育信息化领导力在职业发展中的作用，可以考虑开展相应的水平认证活动来肯定他们的教育信息化领导力水平。

第一，能力标准是开展水平认证的基础与保障。2014年颁布的《校长信息化领导力标准（试行）》为我国开展教育信息化领导力水平认证提供了前提条件。虽然国家标准规定了领导者在信息化规划设计、组织实施和评价推动三个方面的核心内容，但其对能力要求的表述仍然较模糊，各项能力的权重系数也未做明确阐述，以此作为水平认证的可操作性有待提升。因此，根据国家标准制定权重分明、表述清晰且可以进行量化评价的教育信息化领导力的评价量表，对相关能力进行测量，是开展领导者信息化领导力水平认证的重要条件。

第二，选择示范性领导者是开展水平认证的重要途径。由于我国各校之间的信息化发展与建设存在较大差异，以至于教育信息化领导力的认证活动并不能在短期内开展。但是，我国可以在全国中小学中选择那些在校园信息化的建设与规划、关注教师信息化专业发展、为教学提供良好数字环境和有效实施信

息化管理等方面做得较好的学校校长作为示范，对相关学校校长的信息化领导力水平进行认证，并授予其教育信息化领导力方面的证书或奖励。

第三，建立教育信息化领导力水平认证的长效机制。开展水平认证的目的并不在于使某些领导者获得一纸证书，而是建立一种资格认证制度。领导者获得该项认证，意味着其在信息化领导方面的知识与技能（尤其是解决相关问题的能力）得到了权威机构的认可。在信息社会和智能时代，中小学校长获得信息化领导力水平认证不仅是一种荣誉，而且是一项资格，获得这项资格的校长才能更好胜任教育信息化相关的工作。这不仅能够初步实现对部分校长的教育信息化领导力水平认证，也对其他中小学校长起到激励和促进作用，有利于教育信息化领导力认证在我国进一步实施与推进。

二、中观层面：开展培养项目与课程体系的研究与设计

此处的中观层面指学校或其他可以提供教育信息化领导力课程的机构如何根据国家标准和学习需求设计学位课程体系，如何增强课程之间的内在联系以及如何培养学习者的实践能力等问题。

通过对美国教育信息化领导力硕士学位课程的分析发现，美国相关课程的设置特点更多体现为自主性、多样性，而不是规定性、统一性。课程设置主要由不同学校完成，没有国家统一规定的课程体系。因此，不同学校提供的教育信息化领导力硕士学位课各具特色。分析美国教育信息化领导力硕士学位课程的设置类型、依据、特点等问题，能够为我国相关课程的设计提供参考。

（一）根据国家标准和学习者需求，设计学位课程体系

我国学者孙祯祥等曾经参考国外有关标准和文献，并结合我国的实际情况，总结归纳出教育信息化领导力的权力包括学校信息化系统的规划与建设、人力资源管理、信息化教学应用与融合、学校信息化应用中的反思与评估、校园信息化教育氛围的营造五个层面。美国教育信息化领导力项目的课程设置涉及教育学、教育技术学、计算机科学、教育管理学等学科知识。为此，我国建设教育信息化领导力的学位课程体系，需要打破科目之间的界限，将教育管理

学、计算机科学等其他学科与教育技术学结合起来，建立多学科交叉的知识体系，以满足教育信息化领导力提升的内在需求。

美国教育信息化领导力学位课程为我国教育信息化领导能力的培养与提高，提供了新的可参考的提升路径，即设置教育信息化领导力的学位方向，以学位教育的方式培养人才。这既能够满足社会、学校、教师和学生等对教育信息化领导力的期望，也可以通过硕博学位或培训证书证明来满足学习者自身发展的需求。

NETS·A为我国教育信息化领导力学位的课程内容、培养目标和能力评估均提供了参考框架，具体教学内容呈现方式则需要根据学习者的需求进行具体设计。最初，项目设立只是为地区的中小学校长提高信息化领导力设计的，考虑到校长日常工作的繁忙，项目以暑期集中授课、正常学期网络授课的混合教学形式开展教学。随着项目影响力的不断扩大，世界范围内越来越多的学习者参与其中。此时，混合学习模式中集中的面对面教学对大多数学习者并不适宜，因此项目将授课形式改为完全的网络授课形式。这既顺应了当前教育信息化的发展趋势，又在一定程度上解决了由于时空限制等学习者不便参与教学的问题。

以NETS·A设计课程内容解决的是教育传播内容的问题，而混合教学模式和网络教学模式解决的是教育传播方式的问题。如果我国开设教育信息化领导力学位课程，同样需要考虑传播内容与传播方式的问题。在教学内容上，虽然2014年我国根据现实情况制定并颁布了《中小学校长信息化领导力标准》，但美国的NETS·A在维度划分、能力阐述等方面仍然值得借鉴。在传播方式方面，教育信息化领导力课程需要采用混合教学模式还是网络教学模式，则需要根据学习者的特点、需求进行分析和设计。

（二）选择多种学科的知识内容，增强课程之间的内在逻辑

教育信息化领导力的课程体系具有多学科知识交融的特点。虽然教育信息化领导力课程涉及教育学、管理学、计算机科学等多学科知识，但是每个学科均有各自的知识结构，每门学科知识内容均有其自身独特的内在的逻辑结构和先后联系，遵循现代课程的基本特征。因此，教育信息化领导力课程设计的理

念与当前"STEM教育"和"创客教育"的理念不谋而合，均强调在多学科知识的基础上利用信息技术分析、解决复杂问题的能力。这种理念使学习者以更开放、更包容的心态接受多种知识、工具、理念等，并将其与教学内容融合起来，支持信息化学校环境下的教学、管理和科研工作，在未来的工作中更乐意接受、推动和组织"STEM教育"和"创客教育"。

每门课程的教学内容往往是相对独立的知识体系，每堂课的内容是其中一项或几项具体的理论、技术或算法。因此，在多门学科之间建立起联系，将多学科课程知识组织到一起，是一件具有挑战性的事情。如何将多学科知识组织起来，构建教育信息化领导力的课程体系，成为课程设计者必须面临的关键问题。美国教育信息化领导力硕士学位课程为我们提供分散型、中心型和融合型三种可以参考的课程结构类型。其中，研究方法类的课程为学习者作为研究者分析、处理教育信息化问题提供已有参考；实践类课程使学习者综合地运用多种知识解决实际问题，形成处理问题的策略模式。

无论是借鉴美国课程结构还是构建本土新型课程结构，课程之间的内在逻辑都是影响课程结构的重要因素。以往培训的课程设置均遵循学科逻辑，或者以管理学为主其中穿插教育学、心理学等学科知识，又或者以教育学的知识结构为主线辅助新兴技术的知识与介绍。针对涉及多学科知识内容的教育信息化领导力课程，课程设计者则需要将课程之间的内在关系从学科逻辑转向问题逻辑。课程知识来源于学校教育信息化过程中出现的现实问题，学习者通过课程学习致力于现实问题的解决。教育学、管理学、计算机科学等学科均为解决学校教育信息化的问题提供了各自的知识、方法和工具。美国三种课程结构本质上均遵循该类课程之间的问题逻辑，区别在于不同学科课程知识之间以何种方式组织以及课程之间联系的紧密程度如何。我国教育信息化领导力学位课程可以从三种课程结构中吸取多学科知识组织方式，拓展融合教材课程之间的内在逻辑。

（三）积极促进课程知识的融合，树立实践导向的培养目标

从知识发展历程来看，"混沌—分化—整合"式螺旋上升的路线是科学知识发展的一般路线，教育信息化领导力亦是如此。无论是美国 NETS・A（2009）、我国于2014年颁布的《中小学校长信息化领导力标准（试行）》等国

内外标准，还是相关学者的理论研究，均认为教育信息化领导力是由管理、教学、决策和技术应用等多种能力构成的复合能力，并且是一种面向实践和面向未来的信息化力量。教育信息化领导力课程设置不应受学科限制而以学科、专业组建教学团队、设置课程内容、确立培养目标、实施教学活动，而应以实践为导向、以真实问题的教学活动为情境。此时，教学活动被分成一系列的问题，知识的获取和技能的习得均需要通过分析、解决问题来完成。

因此，教育信息化领导力的课程中知识与技能的学习是基础，综合实践应用才是课程最终的培养目标。课程教学不再是传统的讲授过程，而是以问题和实践为导向，学习者积极参与、自主学习、协作探究的过程。其中，高峰课程为学习者整合信息化领导力的不同学科知识、技能与方法，解决教育信息化中的实际问题提供了"练兵场"，让实践导向的培养目标不再是纸上谈兵。树立实践导向的培养目标，积极促进课程知识的融合，已经成为培养具备跨学科知识并解决研究教育信息化问题的学校领导人才的重要方式。

三、微观层面：探讨课程教学与支持活动的设计

此处的微观层面指教师如何围绕教育信息化领导力主题实施教学，支持学习者的学习活动，加深学习者对信息化领导力的理解，具备社会、学校等方面要求的各项能力。相较于宏观层面的政策支持、中观层面的机构依托，微观层面的课程教学更加贴近领导者、教师。

其中，美国 STLI 项目的课程教学体系不断完善，形成了课程目标、方式、理念的创新，为我国校长信息化领导力课程设置与教学活动的设计提供了有益借鉴。

（一）基于情景教学，加深学习者对信息技术应用价值的认识

为帮助学习者对信息技术应用于课堂的意义与方法深入理解与认识，STLI 项目主要采用情景教学法进行授课。课程的开发者和讲授者相信，教育信息化领导力的知识与技能不仅仅是通过教师讲授获得的，学习者也需要在与他们日常工作相似的情境下，通过借助信息技术工具、搜集相关的资料，并且与导师

或者同学协作寻找解决问题的方法和途径，通过学习者自我意义建构的方式获得。课程不再仅仅以文字或图片的形式来讲授信息技术在教学中应用，而是支持学习者通过亲身体验、使用技术，观摩实际的教学录像，分析、评价和反思与教育信息化领导力有关的行为和做法，并引导他们在此过程中加深对信息技术应用于课堂的认识。

情境学习理论提倡社会实践学习观，主张学习、思考和认知是活动中人们之间的关系。这种活动处于、关于或源于以社会、文化方式建构的世界之中。教育信息化领导力应该是学习者主体对信息技术在教学中的认识，其提升应该是学习者主体对信息化领导力的意义重构过程。

纵观美国教育信息化领导力培养项目的课程体系发展历程，课程的内容设计以学习者在学校信息化建设过程中面临的"真问题"为对象，引导学习者分析、评价和反思相关问题的缘由、本质以及解决办法。在教学过程中，学习者通过情景学习，提升实际问题分析、阐释和解决能力，来获得实践性知识。我国应该将情景学习理论结合本国国情加以创新运用，加深学习者对信息技术实践应用价值的认识，提高学习者在管理层面解决教育信息化理论与实践方面的能力。

（二）采用多种方式，支持教育信息化领导力课程教学

STLI项目不仅专注于打造系统、完善的信息化领导力的学位课程体系，在帮助学习者构建学科知识体系的同时也通过邀请世界各地的研究者和在信息化领导力方面有卓越表现的一线校长通过参与项目、组织相关主题的学术会议等多种方式引导学习者关注国内外最新的研究动态。

STLI项目为更好地了解用人单位的岗位需求对相关企业、学校的人力资源主管进行了调查，以考察他们对学位证书的认可程度。同时项目也关注信息化领导力的研究情况，鼓励研究者加强对教育信息化领导力的量化和质性研究，及时调整注重研究能力的博士阶段的研究方法类课程。此外，该项目还关注信息化领导力相关的实践改革能力，定期邀请英国、新加坡、日本等国家杰出研究者和实践者参与项目，以他们的亲身经历为学习者提供实践建议。

所以，无论是国外的教师还是国内的教师，不仅要向教育信息化领导力硕

士学位的学习者提供教学活动，还需要提供最新的研究成果、讲授研究方法与技巧、邀请国内外优秀研究者与实践者进行学术交流等多种方式，来支持教育信息化领导力课程教学。

（三）树立共享理念，向其他学校提供资源支持及发展建议

开放与共享的理念让 STLI 项目打破了学校之间的壁垒，能够向其他高校的教育领导力培养项目提供相关的资源、技术以及咨询建议。这不仅为提升推动教育信息化领导力提供了诸多便利，而且与其他高校合作开展教育领导力培养项目中使相关群体意识并了解信息化领导力，从而更好地应用信息化领导力来开展教育信息化实践。

在尊重知识产权的前提下，为中小学教育信息化领导力提升提供开放的教育资源和免费的发展建议，是建构新学习文化的重要组成部分。这不仅能够从多方面为领导者的信息化专业发展提供支持与帮助，而且还能够为项目的课程体系的构建、完善和应用提供新思路；同时也向学习者传达了开放、共享的协作理念，为中小学校之间资源共享、协作发展、互帮互助提供了更多支持，一定程度上形成了互联网时代的学校联盟新形态。

因此，我国中小学校校长在应用教育信息化开展课程教学改革时，应充分发挥教育信息化领导力的作用，秉承开放、共享的教育理念，积极与其他学校交流、共享实践经验，从而促进以教育信息化支撑现代教育化的战略目标实现。

第三节　开展行动：我国未来信息化领导力课程的实践展望

信息化领导力课程的设计开发需要依据教育改革发展的快速发展对校长等管理者信息化领导提出的新要求，又要处理好不同课程各要素的关系，遵循信息化领导力课程协同的基本原则，并且充分体现在课程目标、课程内容、教学

团队和课程学习等方面。

一、明确信息化领导力课程的目标

为提高学习者的学习效果，信息化领导力课程必须了解学习者的真正需要、特点及学习风格。为此，信息化领导力课程应该以培养教育管理者引导信息化时代的教育改革为目标和出发点，通过对不同的课程进行协同融合，形成紧密联系、相互支持的课程群系统。因此，我们应分析信息化领导力课程的影响因素，优化信息化领导力课程知识内容，实现不同课程之间的知识内容既相对独立又连贯递进。为此，我们应优化教育学、教育技术学、管理学院等不同学科的信息化领导力课程，加大与教育改革研究紧密相关的信息化领导力课程和实践应用类课程的比重，使其在信息化领导力培养和应用中发挥更大作用。

二、组建信息化领导力课程设计开发的跨学科团队

信息化领导力课程具有交叉学科的特点，对研究团队有更高的要求，因此需要组建跨学科的教学团队。例如，根据不同学科知识协同的需要，建立跨系科的信息化领导力课程；举办跨信息化领导力课程的教学研修活动，优化不同课程之间的相互关系；以课程群方式组织教学内容，根据信息化领导力主题设计研修任务，支持校长根据领导力提升学习需要灵活选择课程知识。另外，可以将信息化领导力课程的设计方法提交给专门设计与开发信息化领导力课程的企业公司和教育部门，跟踪其实施效果，形成更具推广应用价值的课程。

三、探索信息化领导力课程设计开发的规律

在定性研究方面，可采用建模法来构建信息化领导力课程设计开发模型。可将探索信息化领导力课程设计开发的要素划分为基本要素、促进性要素以及持续性发展要素，然后通过分析要素之间的关系及其相互作用的机制，进而构建信息化领导力课程设计开发的模型，最后针对信息化领导力课程设计开发的

现状与问题，根据课程设计的基本流程，构建信息化领导力课程设计模型。

在定量研究方面，可采用社会网络分析法来分析信息化领导力课程设计开发的影响因素。可应用社会网络分析法，分析信息化领导力课程设计开发中学习者之间连接关系的模式、结构和功能，量化信息化领导力课程的学习者数据，探讨信息化领导力课程设计开发的基本要素、促进性要素和持续性发展要素之间的相互关系，分析信息化领导力课程学习应用的动力机制。

四、注重信息化领导力课程理论与实践协同发展

信息化领导力课程设计开发研究需要既能推进信息化领导力课程设计开发的理论创新，又能结合现实问题进行设计开发与应用研究，从而最大限度地实现以课程提升信息化领导力的效果。

在理论层面，构建信息化领导力课程设计开发的基本理论。在从"单门课程的知识学习"向"多门课程的知识协同"、从"个体间知识共享"向"集体知识共生"的转型中，构建信息化领导力课程设计开发模型；在此基础上，根据课程群设计的基本原理，从教学目标、教学内容、教学模式、教学媒体和教学评价等方面，提出信息化领导力课程学习应用的支持策略。

在实践层面，开展信息化领导力课程设计开发的实践研究。可以对信息化领导力课程的学习应用进行干预性的优化设计，再应用于校长等学习者的学习应用活动，并开展对信息化领导力的评价，完善信息化领导力课程的设计开发策略。

第 九 章

研究总结与展望

本书是基于当前国内教育信息化领导力水平亟待提高的背景、对我国教育信息化领导力研究延伸的探索，希望通过梳理和分析美国教育信息化领导力的学位课程的设置方法、支持措施以及完善途径，透视美国教育信息化领导力课程研究与实践的现状，进而探讨对于我国教育信息化领导力课程建设的启示。

第一节　本书研究总结

本书针对"美国教育信息化领导力硕士学位课程"研究主题，在分析学位课程项目背景的基础上，采用"一横一纵"两条主线分析美国教育信息化领导力硕士学位课程。

第一，运用内容分析法对美国 12 所大学的课程的学分要求与设计依据、课程名称、课程描述、课程内容和课程结构进行统计分析，得出美国教育信息化领导力硕士学位课程的特点。主要包括：课程内容选择和学习者多样化、课程名称与课程描述相结合、多元化的课程结构类型和重视研究与实践类型课程。

第二，以个案分析的形式，分析 CASTLE 培养项目的创立背景、设计理念、社会服务和取得效果。主要成效体现在：总结课程及所在项目的发展过程，逐渐形成较为完整的学位培养体系；根据国家标准调整学位课程设置；混合教学模式调整为网络授课形式；日益丰富的研究成果与信息化领导力硕士学位课程及相关支持活动的完善。

第三，从宏观、中观与微观 3 个层面总结美国教育信息化领导力硕士学位研究生课程对我国提升教育信息化领导力的启示。在宏观层面，重视教育信息化领导力顶层设计。①构建专门机构，开展系统研究和人才培养；②实行开放申请，面向社会提供在线提升课程；③选择代表性院校，开展教育信息化领导力的水平认证。在中观层面，开展培养项目与课程体系的研究与设计。①根据国家标准和学习者需求，设计学位课程。②选择多种学科的知识内容，增强课程之间的内在逻辑；③积极促进课程知识的融合，树立实践导向的培养目标。在微观层面，探讨课程教学与支持活动的设计。①基于情景教学，加深学习者对信息技术应用的认识；②采用多种方式，支持教育信息化领导力课程教学；③树立共享理念，向其他学校提供资源以及发展建议。

第二节　本书研究不足

由于研究能力和其他研究条件限制，本书研究仍存在一些不足之处。

1）数据库、网络访问权限、地域等条件的限制对本书相关课程资料、文献成果的收集工作造成一定影响，所分析的教育信息化领导力学位课程的情况可能不是十分全面。

2）由于跨文化的语言差异的影响，文献分析以英语文献和网络资料为主，本书虽然极力克服语言问题，但是不免因社会文化、教育背景差异而带来对教育信息化领导力概念理解和能力界定等方面的不同认知。

3）研究采用的内容分析法、文献分析法对相关资料进行梳理总结，虽然结合邮件访谈的方式以期尽量减少研究者主观影响，但是未能亲身参与美国教育信息化领导力的硕士学位课程，难以获得课程的相关体验性的第一手资料，也成为研究的薄弱之处。

第三节　未来研究展望

一方面，教育信息化领导力不应限定于校长个人，而应包括中层管理团队和基层教师等整个教育群体，同时积极向整个教育群体拓展；另一方面，教育信息化领导力涉及教育技术、教育管理、心理学以及计算机科学等多学科知识。无论是从涉及主体还是能力维度来看，教育信息化领导力的提升是一项浩大的工程。我国教育信息化领导力的研究与实践才刚刚起步，需要研究与实践者以足够的时间、精力来开展。在我国教育信息化长期发展过程中，基于此研究可进行以下后续研究：

1）学校领导者对教育信息化领导力硕士学位课程接受程度的实证研究。我国通过学位培养的方式提高教育信息化领导力，需要对中小学校长、人力资源主管及其一线教师进行调查，了解他们对获得教育信息化领导力学位的接受程度，并根据调查结果为课程的改进提供现实参考。

2）美国其他教育信息化领导力人才培养方式及评价标准研究。分析美国多元化的教育信息化领导力提升方式，为我国的相关实践提供有益借鉴，同时开展学位课程评价及标准的后续研究。教育信息化领导力硕士学位课程的设置会受到培养机构、任教教师、教学理念、培养目标以及与国家标准一致程度等多重因素的影响，各学校课程之间也存在较大差异。因此，需要关注教育信息化领导力的评价标准，基于标准的评价结果有助于学习者选择合适的学习课程以及帮助相关研究者了解课程本质与特点。

3）国外教育信息化领导力培养及提升理念本土化研究，探讨如何引入、借鉴、反思、重组和建构教育信息化领导力提升的理念与思想。即在对美国教育信息化领导力相关理论与实践进行解析与阐释之后，如何进行"深层次加工"，尝试将其运用到真实的教育信息化领导力提升实践之中，探讨如何与现有的培训实践相结合，并在理论与实践的反复锤炼过程中，形成符合我国实际情况的教育信息化领导力提升理论。

4）相对国内大多单纯考察校长信息化领导力现状，借鉴国外将教育信息化领导力将个人能力置于学校、社会等更大的背景环境中，研究校长、教师、学生以及家长对教育信息化领导力的态度，并研究领导者群体具备的教育信息化领导力与其他主体（学校信息化水平、教师信息技术应用能力、学生素养、家长态度等）之间的关系。

参 考 文 献

安丽绍，韩建华. 2010. 美国研究型大学高峰体验课程对我国大学本科实践课程的启示. 世界教育信息，（4）：60-62.

边琦，田振清，王俊萍，等. 2016. 中小学校长信息化领导力的现状与对策分析——以内蒙古地区为例. 中国电化教育，（8）：102-106.

蔡东钟，黄晓筠. 2011. 小学教师对校长信息化领导力表现观点之调查研究——以台东县为例. 教学科技与媒体，（12）：2-15.

畅肇沁. 2019. 新时代中小学教育信息化建设面临的机遇与挑战. 教学与管理，（36）：30-32.

陈倩华. 2015. 学校管理团队信息化领导力现状调查及提升策略研究. 金华：浙江师范大学硕士学位论文.

程宜康. 2018. 课程反思性实践：教学质量文化管理的重要途径——基于加拿大百年理工学院教师反思性实践的启示. 职教论坛，（11）：38-44.

董艳，黄月，孙月亚，等. 2015. 校长信息化教学领导力的内涵与结构. 现代远程教育研究，（5）：55-62.

段春雨. 2020.校长信息化领导力对教师信息技术应用行为的影响研究——基于42篇实证研究文献的元分析.中国远程教育，（10）：23-33.

付八军，冯晓玲. 2007. 高校课程群建设：热潮还是趋势. 江苏高教，（4）：63-65.

葛文双，白浩. 2020. 教育信息化2.0视域下的首席信息官（CIO）——核心内涵、能力模型与专业发展策略. 远程教育杂志，38（4）：64-73.

郭旭凌. 2013. 学校信息化领导力评价体系研究. 金华：浙江师范大学硕士学位论文.

化方, 杨晓宏. 2010. 中小学校长信息化领导力绩效指标体系研究. 中国教育信息化·基础教育, (4): 7-10.

还伟. 2006. 我国研究生教育全面收费问题探讨. 理工高教研究, 25 (6): 52-54.

皇甫辉. 2013. 校长信息化领导力的提升——基于学习共同体设计的研究. 金华: 浙江师范大学硕士学位论文.

皇甫辉, 孙祯祥. 2012. 基于学习视角的校长信息化领导力提升. 中国教育信息化 (高教职教), (10): 7-9.

皇甫静静. 2011. 中小学校长信息化领导力探究. 金华: 浙江师范大学硕士学位论文.

黄李辉, 阮永平. 2017. 文献分析法在我国管理会计研究中的应用——基于33篇样本文献的分析. 财会通讯, (4): 39-43.

黄颖. 2006. 和谐城市与城市领导力建设. 领导科学, (3): 40-41.

黄荣怀, 胡永斌. 2012. 信息化领导力与学校信息化建设. 开放教育研究, 18 (5): 11-17.

蒋志辉. 2011. 教育信息化领导力研究的困境与转向. 现代教育技术, 21 (8): 30-33.

库泽斯. 2013. 领导力. 徐中, 周政, 王俊杰译. 北京: 电子工业出版社.

雷励华, 张子石, 金义富. 2021. 教育信息化2.0时代校长信息化领导力内涵演变与提升模式. 电化教育研究, 42 (2): 40-46.

黎加厚, 刘成新. 1998. 走向多元化: 我国计算机辅助教育和教育技术发展的新特点. 电化教育研究, (5): 4-12.

李华, 李昊. 2017. 农村中小学校长信息化领导力提升路径研究. 现代教育技术, 27 (6): 64-70.

李莎莎. 2013. 中小学校长信息化领导力现状及提升策略研究. 武汉: 华中师范大学硕士学位论文.

李文宏, 肖贝. 2009. 基于信息反馈的校长信息化领导力培养方式研究. 中国教育信息化·基础教育, (12): 34-37.

刘美凤. 2009. 校长的信息化领导力. 中小学信息技术教育, (4): 4-7.

刘士忠. 2005. 基于网络的教师教学策略的个案研究. 北京: 首都师范大学硕士学位论文.

刘洋. 2020. 提升校长信息化领导力 引领学校未来发展. 课程教育研究, (24): 7-8, 10.

卢强. 2016. 技术融入教学的实践逻辑、现实冲突与未来走向. 电化教育研究, (2): 10-17.

倪建雯, 贾珊珊, 摆陆拾. 2016. 教育研究中访谈法应用技巧浅析. 教育教学论坛, (8): 76-77.

庞敬文，高琳琳，唐烨伟，等. 2016. 混合学习环境下中小学校长信息化领导力培训对策研究. 中国电化教育，37（6）：20-26.

裴娣娜. 2018. 教育研究方法导论. 合肥：安徽教育出版社.

郄永忠. 2006. 优秀领导力的共同基因. 企业管理，（8）：15-17.

秦炜炜. 2010. 《面向管理者的美国国家教育技术标准》新旧版比较研究. 开放教育研究，16（3）：181-188.

任玲玲. 2015. 学校中层管理团队信息化领导力评价体系研究. 金华：浙江师范大学硕士学位论文.

任真，王石泉，刘芳. 2006. 领导力开发的新途径——"教练辅导"与"导师指导". 外国经济与管理，28（7）：53-58.

阮青. 2004. 价值哲学. 北京：中共中央党校出版社.

沈书生. 2014. 中小学校长信息化领导力的构建. 电化教育研究，35（12）：29-33.

孙祯祥. 2010. 校长信息化领导力的构成与模型. 现代远距离教育，（2）：3-7.

孙祯祥，任玲玲，郭旭凌. 2014. 学校信息化领导力的概念与评价研究. 电化教育研究，35（12）：34-40，62.

孙祯祥，翁家隆. 2014. 境外校长信息化领导力内涵的发展历程及启示. 中国电化教育，（2）：27-34.

孙祯祥，张丹清. 2016. 教师信息化领导力生成动力研究——借助场动力理论的分析. 远程教育杂志，（5）：105-112.

孙祯祥，张玉茹. 2015. 教师信息化领导力的概念、内涵与理论模型. 现代远程教育研究，（1）：39-45.

王芳芳. 2013. 提升校长信息化领导力的案例资源库建设研究. 金华：浙江师范大学硕士学位论文.

王磊. 2015. 企业信息化领导力形成机理及对竞争优势的影响研究. 长春：吉林大学博士学位论文.

王淑华，王以宁. 2021. 人格特质与校长信息化领导力的关系：组织氛围的中介效应. 现代远距离教育，（1）：89-96.

王永军. 2020. 面向教育4.0的创新发展：中小学校长信息化领导力框架之构建. 远程教育杂志，38（6）：41-49.

王佑镁. 2006. 面向基础教育信息化的校长信息素养差异及结构模型研究. 中国电化教育，
　　（11）：12-16.

王佑镁，杜友坚，伍海燕. 2007. 教育信息化领导力的内涵与发展. 中国教育信息化·基础教
　　育，（24）：18-20.

王玥，赵慧臣. 2015. 美国校长信息化领导力提升项目的特点与启示. 开放教育研究，（3）：
　　55-64.

王玥，赵慧臣. 2016. 美国中小学校长信息化领导力硕士学位课程的特点与启示. 中国电化教
　　育，（5）：33-42.

吴开亮. 1999. 关于高师院校课程群建设的探讨. 江苏高教，（6）：69-71.

伍海燕. 2010. 中小学校长教育技术领导力与学校信息化发展的互动关系研究. 现代教育技
　　术，20（10）：16-22.

肖玉敏. 2008. 校长的技术领导力探究. 上海：华东师范大学博士学位论文.

谢幼如，尹睿，谢虎. 2013. 精品课程群支持的专业综合改革与实践. 中国电化教育，（8）：
　　1-7.

谢忠新，张际平. 2009. 基于系统视角的信息化领导力课程评价指标研究. 现代教育技术，
　　（4）：73-77.

许央琳，孙祯祥. 2013. 基于信息共享的信息化领导力课程评价指标体系研究. 中国电化教
　　育，（4）：40-45.

颜荆京，汪基德，蔡建东. 2015. 幼儿园园长信息化领导力现状与提高策略. 学前教育研究，
　　（10）：41-49.

杨金勇，尉小荣，吴安，等. 2018. 中美两国中小学校长信息化领导力比较研究.电化教育研
　　究，39（5）：122-128.

杨蓉. 2007. 北京市农村中小学校长信息化领导力影响因素个案研究. 北京：首都师范大学硕
　　士学位论文.

杨宗凯. 2016. 提升信息化领导力，促进高校教育教学创新发展. 中国教育信息化，（13）：
　　19-23.

于天贞，张晓峰. 2020.学校管理团队信息化领导力的内在作用机制.现代教育技术，30（6）：
　　100-107.

张丹清. 2015. 中小学教师信息化领导力生成动力研究. 金华：浙江师范大学硕士学位论文.

张虹. 2017. 高校领导者信息化领导力理论模型构建研究——以组织变革为视角. 电化教育研究，38（9）：29-34.

张虹. 2020. 组织变革视域下高校领导者信息化领导力模型实证研究. 电化教育研究，41（11）：48-55.

张文兰，刘盼盼，闫怡. 2019. 美国教育管理者信息化领导力提升策略管窥与启示——基于对《为未来准备的领导力特征：一项研究综述》的解读.中国电化教育，（12）：40-46.

张仙，鲁绍坤，郭睿南. 2008. 面向信息化的学校领导力初探. 现代教育技术，18（1）：9，20-13.

张秀娟，丁兴富，岳敏，等. 2010. 国外远程教育专业人才培养层次与培养目标的初步比较研究. 中国远程教育（综合版），（9）：22-25.

张玉茹. 2014. 教育信息化背景下的教师领导力研究. 金华：浙江师范大学硕士学位论文.

赵慧臣. 2012. 课程群协同进化研究述评. 现代教育管理，（12）：99-102.

赵慧臣，何媛. 2009. 美国大卫·帕金斯的元课程理论解读. 上海教育科研，（7）：15-17.

赵磊磊. 2017. 校长信息化领导力：概念、生成及培养. 现代远距离教育，（3）：19-24.

赵磊磊，赵可云. 2016. 校长信息化领导力对校长领导效能作用机制的实证研究——基于结构方程模型的调查分析.现代远距离教育，（3）：68-73.

赵爽. 2014. 美国教育领导专业博士学位课程的设置. 沈阳师范大学学报（社会科学版），38（1）：121-123.

赵晓伟，沈书生. 2019. 学校管理者信息化领导力的内涵演变与构建策略.电化教育研究，（11）：34-40.

中国科学院领导力课题组. 2010. 信息化领导力范式. 领导科学，（9）：38-40.

朱雪峰，袁娟娟. 2014. 西北欠发达地区农村中小学校长信息化领导力调查与思考——以甘肃省Y县为例. 当代教育与文化，6（1）：60-66.

祝智庭，顾小清. 2006. 突破应用瓶颈，关注教育效益：教育信息化建设的问题与对策. 中国教育报（03）.

Anderson R E，Dexter S. 2005. School technology leadership：An empirical investigation of prevalence and effect. Educational Administration Quarterly，41（1）：49-82.

Aten B M. 1996. An Analysis of the Nature of Educational Technology Leadership in California's SB 1274 Restructuring Schools. San Francisco：University of San Francisco.

Avolio B J，Kahai S，Dodge G E. 2001. E-leadership：Implications for theory，research，and practice. Leadership Quarterly，（4）：615-668.

Banoğlu K. 2011. School principals' technology leadership competency and technology coordinatorship. Educational Sciences：Theory and Practice，11（1）：208-213.

Berelson B. 1952. Content Analysis in Communications Research. New York：Hafner.

Brahier B，Whiteside A，Hughes J E，et al. 2005. School technology leadership：Theory to practice. Academic Exchange Quarterly，（9）：51-55.

Bustamante R M，Combs J P. 2011. Research courses in education leadership programs：Relevance in an era of accountability. International Journal of Education Policy & Leadership，6（3）：1-11.

Chan P K F. 2001. E-leadership：Proven techniques for creating an environment of speed and flexibility in the digital economy. Personnel Psychology，（1）：247-251.

Davies P M. 2010. On school educational technology leadership. Management in Education，24（2）：55-61.

Davis G. 2008. The Development and Field test of the Education Technology Leadership Assessment Survey. Ames：Iowa State University.

Dikkers A G，Hughes J E，Mcleod S. 2005. A bridge to success：STLI — In that no man's land between school technology and effective leadership. The University of Minnesota's school technology leadership initiative is a welcoming bridge. T.H.E. Journal，32（11）：20-23.

Ertmer P A，Bai H，Dong C，et al. 2003. Online professional development：Building administrators' capacity for technology leadership. Administrator Attitudes，19（1）：5-11.

Fogarty R. 1990.Ten ways to integrate curriculum. educational leadership. Journal of the Department of Supervision & Curriculum Development，49（2）：61-65.

Grey-Bowen J E. 2010. A Study of Technology Leadership among Elementary Public School Principals in Miami-Dade County. Fredericton：St. Thomas University.

Hamzah M I M，Juraime F，Hamid A H A，et al. 2014. Technology leadership and its relationship with School-Malaysia Standard of Education Quality（School-MSEQ）. International Education Studies，（7）：278-285.

Iudica A M. 2011. University Educational Leadership Technology Course Syllabi Alignment with

State and National Technology Standards. Ann Arbor: Florida Atlantic University.

Lafont S L B. 2011. The Relationship between Principals' Technology Leadership and the Teachers' Use of Technology. Hammond: Southeastern Louisiana University.

McLeod S. 2011. What School Leaders Need to Know about Digital Technologies and Social Media. Wiley: Jossey-Bass.

Moore R C. 1994. The Capstone Course. Assessing Communication Education: A Handbook for Media，Speech，and Theatre Educators. Hillsdale: Lawrence Erlbaum.

Norazah N，Yusma Y，Kamaruzaman J. 2010. A quantitative analysis of Malaysian secondary school technology leadership. Management Science and Engineering，4（2）：124-130.

Richardson J W，Flora K L，Lewis W D. 2012. NETS • A scholarship: A review of published literature. Journal of Research on Technology in Education，45（2）：131-151.

Richardson J W，Mcleod S，Dikkers A G. 2011. Perceptions of online credentials for school principals. Journal of Educational Administration，49（4）：378-395.

Twomey C R，Shamburg C，Zieger L B. 2006. Teachers as Technology Leaders. Eugene: ISTE Publications.

Ünal E，Üzun A M，Karataş S. 2015. An examination of school administrators' technology leadership self-efficacy. Croatian Journal of Education，17（1）：195-215.

Weng C H，Tang Y. 2014. The relationship between technology leadership strategies and effectiveness of school administration: An empirical study. Computers & Education，76：91-107.

Yee D L. 2000. Images of school principals' information and communications technology leadership. Journal of Information Technology for Teacher Education，（3）：287-302.

后 记
POSTSCRIPT

在我国教育信息化从 1.0 转向 2.0 的过程中，校长等管理人员的信息化领导力发挥着愈加重要的作用。美国教育信息化领导力学位课程建设与应用取得了较多成果，其经验可以为我国教育信息化领导力提升提供参考。本书在比较国内外教育信息化领导力在研究主题、研究视角和研究方法等方面的基础上，面向我国目前教育信息化领导力提升现状与问题，分析美国信息化领导力课程的特点，探讨其对我国信息化领导力课程的启示。

本书是团队成员分工协作的结果。其中，赵慧臣负责了策划和协调工作。赵慧臣和王玥等撰写了第一章，赵慧臣、王玥、李皖豫、文洁等撰写了第二章和第三章，王玥和赵慧臣撰写了第四章至第九章。

本书离不开其他人员的大力辅助。李皖豫、张娜钰、张雨欣、朱珂涵、马佳雯、刘炳权等协助修改了书稿的格式规范和部分文字的表述。在此向他们的辛勤付出表示感谢。

在书稿出版之际，特别感谢科学出版社编辑的帮助和支持。感谢他们为书稿修改所提的中肯建议以及其他方面的辛勤工作。本书还引用了大量的学术文献和学术观点，在此一并表示感谢。